KB067337

연민 수업

연민 수업

2023년 3월 30일 처음 펴냄

지은이　　　김옥희
펴낸이　　　김영호
펴낸곳　　　도서출판 동연
등록　　　　제1-1383호(1992. 6. 12)
주소　　　　서울시 마포구 월드컵로 163-3
전화　　　　(02)335-2630
팩스　　　　(02)335-2640
이메일　　　yh4321@gmail.com
인스타그램　https://www.instagram.com/dongyeon_press

ISBN 978-89-6447-878-3 03180

연민 수업

ㅡ 김옥희 지음 ㅡ

동연

일러두기

- 각 장의 제목은 〈마음챙김-자기연민〉수업 프로그램 순서에 따라 구성했습니다.
- 장 제목 아래 간략한 설명은 '마음챙김-자기연민 워크북'인 『나를 사랑하기로 했습니다』(크리스틴 네프, 크리스토퍼 거머)에서 인용하였습니다.

진솔한 삶이 빚어낸 숭고한 아트

이야기는 신성하다. 북미 인디언들이 이야기를 대하는 자세이다. 나는 이야기가 좋아 전공을 한 사람인데, 요즈음 진솔한 삶의 이야기에 가장 감동을 받는다. 저마다의 고유한 이야기에서 각자 안의 신성이 빛을 드러내는 모습을 목격하는 것이 설렌다. 저자의 삶의 여정, 자신의 삶으로 펼쳐내는 내면의 스토리텔링은 진솔하고 아름답다. 이렇게까지 자신을 헐벗을 수 있는 용기가 부럽고, 이런 깊이를 통찰해내는 지혜가 귀하다.

『연민 수업』은 내면에서 올라오는 목소리를 들어 그 흐름을 따르는 마음 돌봄 스토리텔링이다. 구체적으로 꿈이라는 무의식의 언어를 마음 거울로 삼아 마음 챙김 자기 연민이라는 기법으로 이미지 명상을 한다. 꿈 해석이라는 지적인 작업이 아니어서 좋고 심층에서 샘솟은 이미지들이라 자체로 신선하고 힘 있다.

마음 돌봄이 결코 현실에서 멀어지거나 관념 세계에 머물러 추상화해 버리는 게 아니고 적극적으로 일상의 삶을 사는 길이라는 사실을 『연민 수업』을 통해 또다시 확인한다. 현실의 삶, 즉 가족을 비롯 가까이 있는 사람들과의 관계, 특히 저자와 딸과 어머니로 이어지는 삼대에 걸친 여인들의 상처와 수용과 치유의 과정은 시리게 아름답다. 힐난과 혐오의 질긴 습이 수용과 연민으로 탈바꿈해 가는 과정은 놀랍다. 자신과 세상을 다정하고 친절하게 맞는 눈의 변화, 이 변화가 삶 전반에 변모로 이어지는 과정이 생생하게 피부에 와닿는다. 이 과정을 치유라 하든, 탐색이라 하든, 나를 찾는 여정이라 하든 경이롭다.

　　김옥희의 스토리텔링은 현대를 살아가는 사람들, 특히 길을 찾아 여기저기를 배회하는 사람들, 내 길이 아니라 '누구처럼 되는 길들' 사이에서 헤매는 사람들을 위해서, 어디로 눈을 돌려야 하는지, 어떻게 해야 하는지 친절하게 보여주는 실습 모델 같다. 저자가 자신을 위해 행한 치열한 『연민 수업』이 독자들과 무수한 사람들에 선사하는 자비행이 된다. 이야기 공부를 하는 사람으로 첨언하자면 이 책은 '내 길'을 찾고자 하는 사람들을 위한 빼어난 교본이다. 이유를 짚어보자면 아래 말들로 서술된다.

　　먼저 진정한 길은 자기 내면에서 찾을 수 있다. 성현들을 한결같이 '길은 안에 있다'고 했다. '너 안에 답이 있다'고도 했다. 길을 찾고자 한다면 온 세상을 찾아 헤매고 다닐 일이 아니라 내 안으로의 깊이로 모험을 할 일이다.

그리고 누구에게든 세상이 운명적으로 필요로 하는 길은 내 길밖에 없다. 어떤 사람처럼 되고 싶다는 모델 에고(ego)는 어린 시절에나 허용된다. 성장기에는 '누구처럼'이 발달의 이정표가 되기 때문인데, 성인인 경우, '누구처럼'은 시간 낭비, 인생 낭비의 모토다. 독특한 개성을 지닌 각자는 누군가를 모방하는 삶을 살아 생을 허비할 정도로 자원이나 지혜가 없지 않다. 다만 어디에 있는지 무지할 따름이다. 바른 자리에서 탐색을 시작할 때, 필요한 지혜도 삶의 가이드도 이미 내면에 장착되어 있다는 점을 경험하게 된다. 세상이 나를 위해 마련한 고유한 길을 따르는 이 여정을 칼 융은 개성화라고 하였다. 우리라는 표준화나 누구 같은 특정화가 아니라 각자 저마다의 개성으로 고유하게 피어나기에 특별히 이 용어를 사용했다. 『연민 수업』은 개성화 과정의 기록물이다.

독자들은 저자의 발걸음을 따라가는 동안, 내면에 치유와 자기 탐색/발견을 이끌어 가는 힘이 작동하고 있다는 사실을 확인하게 될 것이다. 깊이 보고 자세히 보면 인간이란 참으로 귀하고 놀라운 존재다. 진정한 스승은 안에 있다고 동서고금을 막론해 현자들이 한결같이 강조했는데 이를 관찰하게 된다.

칼 융은 그의 무의식 탐색의 기록인 『레드북』에서 안으로 뛰어

들지 않고 밖으로 향하는 길은 없다고 했다. 내면보다 바깥을 보고 외적 성취를 위해 매진하다 보니 내면에 대한 감각을 상실한 것이 대다수 현대인의 현주소다. 성공이 충만이나 행복 혹은 삶의 존귀함과 감사로 이어지지는 않기에 치열한 경쟁 사회에서 소진하고, 더해가는 갈증이나 허기로 인해 중독에 빠지고, 불안이나 허무가 지배하리라.

『연민 수업』은 기꺼이 안으로 뛰어드는 용기를 내자 밖에서 변화와 화해와 치유라는 놀라운 체험이 일어난다는 사실을 목격하게 해준다. 내면의 변화가 일상의 변화로 이어지는데, 결국 안과 밖은 두 다른 세계가 아니라 서로 밀접하게 연결되어 있다는 사실을 드러내 보여준다. 그럼에도 불구하고 안이 먼저라 말해준다.

20여 년 전 저자는 거친 원광석 같았다. 치열한 자기 탐색의 여정은 엄청난 인내와 용기를 필요로 했다. 아픔을 고스란히 견디며 뒹굴고 씨름하고 견뎠다. 엄청난 희생도 따랐다. 지난한 일련의 내면 작업들이 이어지는 과정에 점점 발걸음이 가벼워지고, 주변에 다채로운 색깔이 돌아오고, 무엇보다 창조적인 끼가 살아나는 모습을 지켜보았다. 은유적으로 마음의 '집'이든 '영혼의 고향'이든 본연의 자리로 돌아오는 여정이 수려한 아트로 세상에 나와서 기쁘다. 내게도 탐색의 여정은 기꺼이 행할 가치 있는 모험이라는 격려를 해준다.

그간 이 놀라운 여정을 목격할 수 있었던 행운에 감사드린다. 앞으로 드러날 모습은 또 얼마나 심오하고 찬란할지 기대로 설렌다.

꿈친구 고혜경
(상담치유대학원대학교 교수, 신화와꿈아카데미 원장)

마음챙김과 자애의 날개

자기연민을 느끼기 위해 특별할 필요는 없다. 그저 어느 인간처럼 엉망진
창이면 된다.

_ 크리스틴 네프(자기연민 프로그램 공동 개발자)

여고 시절 어머니로부터 '독사 같은 년'이란 말을 들었다. "너는
학교를 다녀서 좋겠다"라는 말도 들었고 "지 애비를 닮아 인정머리
라고는 없고 성질이 못된 년"이란 말을 꾸준히 들었다. 대학 2학년
때 나는 친구들과 옷을 산다고 어머니에게 삼천 원만 달라고 하다가
어머니의 잔소리에 욱해서 오른손으로 유리창을 쳤고 응급실에
실려 갔다. 기다리고 있던 친구들이 나를 병원으로 데려갔다. 나는
어머니 표현으로 나쁜 딸이었다. 그래서 내가 돌봄을 못 받는 건
당연했다.

여고 3학년 때부터 우울해지기 시작한 딸은 점점 나빠졌다.

그동안에 얻은 지식으로 나를 치유하는 것이 딸을 치유하는 길이라는 것은 알고 있었다. 그러나 시간이 흘러도 나를 치유하는 것은 불가능한 일인 것 같았다.

4년 전 명상학회에 참석하는 친구를 놀러 가듯 따라나섰다. 봄이 왔다고 생각해서 얇은 코트에 짧은 스커트까지 입고 대구에 도착했는데 눈이 내리기 시작했다. 하필 난방기까지 고장 난 추운 강당에서 처음으로 "마음챙김-자기연민 프로그램"이라는 말을 들었다. 논문 발표 시간에 세 명의 발표자 모두가 "마음챙김-자기연민 프로그램" 논문을 발표했다. 그날 학회에서는 compassion을 '연민'으로 써야 하는지 '자애'로 써야 하는지 의견들이 오가기도 했다. 자기연민과 자애가 뭔지 모르지만 좋은 것인 거 같아서 인터넷 검색을 했더니 서광 스님과 효림 스님이 진행하는 프로그램이 오대산에 있는 명상 센터에서 열리고 있었다.

오대산의 5월은 아직 추위가 남아 있었다. 좋은 공부 하러 가자는 내 의견에 딸이 찬성했고, 남편도 휴가를 포기하고 자기연민 프로그램에 참여했다. 뭐에 홀린 것처럼 남편과 딸과 함께 5시간 걸리는 길을 달려가 5박 6일 프로그램에 참여했다.

딸은 아일랜드에 살고 있는 중이었는데 일부러 한국에 와서 함께했다. 중요한 건 평소에 내 말을 듣는 아이가 아닌데 본인도 자기연민이 궁금하다며 기꺼이 참여한 것이다. 사람들은 가족이 세 명이나 참석한 것 때문에 모두 신기해하고 가족이 공부를 같이한다며 부러워했다. 그러나 사실 우리는 서로를 비난하며 미워하는 가족이었다.

나중에는 나 혼자서 계속 공부하러 다녔고, 자기 비난과 자책 대신 나에게 친절하게 대하는 자기연민이 조금씩 쌓이면서 제일 먼저 남편과 딸과의 관계 회복에 기여하게 되었다. 그때 오대산에서 보이지 않게 뿌리를 내렸던 연민이 계속 자라서 우리 가족 관계를 회복시켜 준 것이다.

생각하면 처음 연민이란 단어를 듣던 3월의 날씨는 나의 차가운 마음 상태였고, 난방이 안 되던 강당은 우리 가족의 고장 난 관계를 알려준 것만 같다. 갑자기 하늘에서 내리던 흰 눈은 축복이었을 것이다. 축복은 세상의 고통이 있는 곳 어디에나 내리기 때문이다.

자기연민은 마음챙김과 자애의 날개로 이루어진다. 연민은 우리가 고통을 안고 살아간다는 진실을 깨달을 때 일어나는 사랑의 향기다. 이 진실은 설득하고 배우는 것이 아니다. 자기 내면과 접촉해서 진실을 느낄 때 생기는 것이 자기연민이다. 사람들은 연민이란 단어를 처음 접할 때 동정과 혼동하는데 여기서 연민은 마음챙김에 친절을 더한다는 의미로 '근본적 수용'이란 의미와 가깝다.

그동안 쌓인 수업 일수로 "마음챙김 자기연민 프로그램" 지도자 과정을 신청했고, 지도자가 되었다. 그동안 반복된 연민 수업과 수행 실습으로 조금씩 마음이 부드러워지며 내 안에 낯선 문이 열렸다. 연민과 자애를 반복해서 듣고 있는데도 늘 처음인 것처럼 눈물이 맺혔다. 4년 전 뭔지 모르겠다고 했던 수업 소감과 다르게 지도자 수업이 끝났을 때는 마음이 벅찼다.

> "수업을 들으며 어느 순간부터 남편의 존재 자체에 존중감이 생겼어요. 나를 돕지 않는다고 비난했는데 얼마나 자신의 삶을 성실하게 살아온 사람인가 하는 생각이 들고, 나와 상관없이 그 사람 자체로 소중한 존재라는 생각을 하게 되었어요. 더구나 돈도 벌어다 주고 지도자 과정도 하라고 해서 더 고마워요."

그동안 내가 서서히 너그러워졌다고 남편이 말한다. 남편과 말다툼하는 것이 일상이었는데 날카로운 에너지가 없어져서 다투다가 웃어버린다. 지금 보면 남편이 더 너그럽고 양보하는 사람이 되었다. 공부는 내가 했는데 착해지기는 남편이 더 착해졌다. 남편과 편한 관계가 되면서 딸도 챙겨야겠다고 자연스럽게 마음먹어졌다. 내 말은 아예 들을 생각이 없는 데다, 하고 싶은 것이 없고 아무것도 못 한다며 무력하던 아이가 내 말에 귀 기울이기 시작했다. 아일랜드로 돌아가며 재밌고 쉬운 거부터 해 보자고 약속했는데 애견 미용을 배우러 간다는 연락이 왔다. 강아지를 엄청 좋아하는 아이라서 그럴 수 있을 것으로 생각은 했지만, 실제 행동으로 옮긴 것은 기적이었다.

자기연민의 반대는 자기 비난이고 마음챙김의 반대는 저항이다. 연민 공부를 하며 그동안 자기 비난과 저항으로 나를 방어하느라 고통스러웠다는 깨달음이 나를 각성시켰다. 한없이 나 자신을 비난하면서 내가 더 나은 사람이기를 원하고 또 부족한 나를 자책한 것, 이 모두가 고통에 대한 집착이고 교만한 마음이란 것을 알게 되었다. 그러나 그럴 수밖에 없었던 나를 받아들이고 연민할 수 있음을 배웠다. 이 책을 읽는 분들이 자기 비난과 저항을 이해하고, 자기를 연민하게 될 때의 자유로움을 경험하게 되면 좋겠다. 항상 연민의 상태에 머물 수는 없더라도 힘든 순간이 찾아올 때 자기연민과 자애를 기억한다면 조금씩 편안해지는 자신을 발견할 것이다.

재작년에 내 꿈의 기록을 정리한 책, 『푸른 문』을 출간하고 나서 흰 옷자락에 별 모양으로 새겨진 핏방울과 다친 손에 대한 꿈이 계속 생각났다. 책을 내고 꿈과 소통한 과정이 현실과 어떻게 연결되고 어떤 변화가 있었느냐는 질문을 많이 받았다. 질문에 대한 답을 정리할 수 있도록 두 개의 꿈이 계속 말을 걸어오고 있다는 걸 이 글을 쓰면서 알았다.

꿈속의 별은 자기만의 고독한 내면 여정을 떠나야 한다고 알려 주는 상징이었고, 꿈에서와 실제로도 다친 나의 손은 치유와 회복이 필요하다는 걸 말하고 있었다. 별이 알려 준 나의 내면 여정은 '손 없는 소녀'의 신화에서 소녀가 진짜 손을 회복하는 것처럼 치유가 일어나는 과정이라는 걸 말하고 있었다.

그러한 치유의 과정에서 나는 고통을 만드는 세상이 아니고 고통을 연민하는 세상으로 옮겨왔다는 것을 알게 되었다.

어쩌면 "마음챙김-자기연민 프로그램"을 만나서 스스로를 회복하게 된 것은 무의식의 실현이었고 꿈과 소통한 결과였다는 생각이 든다. 그렇게 여전히 이어지는 꿈의 메시지를 통해 자신을 알아차리고, 알아차린 것을 연민하며 변화해 가는 이야기를 나누고 싶었다. 앞선 책인 『푸른 문』도 그랬지만 이번 책도 꿈이 현실에서 일어나는 동시성과 깊은 이해가 생기는 우연의 순간들이 겹쳐서 쓸 수 있었다.

꿈을 기억하지 못하고 꿈의 음성을 듣지 못했다면 내면의 알아차림과 자각은 불가능했을 것이고, 내 삶은 가면을 쓴 얼굴로 자기 비난을 벗어나지 못한 채, 끝났을 것이다.

2023년 1월
김옥희 씀

차 례

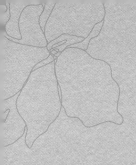

Part 1

마음챙김-자기연민 발견하기

우리 자신에게 연민을 보내면 부정적으로
단단히 매듭지어진 자기 판단이 풀어지면
서 평화롭고 연결된 정서로 자신을 수용
하게 된다.

별과 손 없는 소녀

• • •

    별은 꿈꾸는 이의 한층 높은 의식 상태를 나타낸다고 마리루이제 폰 프란츠는 고대의 왕 길가메시의 꿈을 사례로 설명한다.

    길가메시는 백성들이 자기를 지나쳐서 자신의 등 뒤에 떨어진 별에 절하는 것을 보고 당황하는 꿈을 꾼다. 등 뒤에 떨어진 별은 그에게 이제까지 왕이며 영웅으로서의 집단에 속한 자기를 내려놓고, 고유한 자신만의 운명을 따라야 하는 무거운 짐을 상징한다. 자신만의 별을 따른다는 것은 모든 사람이 달려온 길을 계속 가는 대신 완전히 새로운 자신만의 길을 찾아야 한다는 것을 의미한다.

어쩌면 내 꿈에 나타났던 흰옷 뒷자락에 새겨진 별 모양도 마을 사람들은 전부 죽어버리고 혼자 살아남아서 시작해야 하는 고독한 여정을 뜻했다는 생각이 들었다.

그리고 고독한 여정은 절벽을 기어오르려고 하지만 불량배에게 손을 밟혀서 오르지 못하던 여고 시절의 꿈과 일 년 후 실제로 다쳐서 불편해진 오른손에 대한 은유로서 이미 시작되었다는 것을 오늘에야 연결할 수 있었다.

전혀 다른 것처럼 보이는 꿈 두 개가 무슨 말을 하는 건지 어려운 숙제처럼 여겨졌는데 별이 상징하는 소망이 구체적으로 "손 없는 소녀"의 신화에서 소녀가 진짜 손이 생기는 회복의 과정이라는 것을 이해하게 된 것이다. 신화의 "손 없는 소녀"처럼 나도 내 신화의 주인공이고, 나의 다친 손이 은(銀) 손을 갖게 되는 과정과 은 손이 진짜 손으로 변화하는 과정을 나의 실제 삶으로 풀어내야 한다는 걸 깨달았다. 두 개의 꿈이 주는 숙제를 몇 달 동안 갖고만 있었는데 글을 쓰면서 해답이 모습을 드러내는 걸 다시 알게 되었다.

작년에 로버트 존슨의 "손 없는 소녀"의 해석을 읽으면서 꿈속에서 밟혔던 내 손이 실제 현실에서 다쳤다는 것도 처음으로 연결했다. 실제로 손을 다친 것은 내가 꿈을 알아듣지 못함으로 인해 일어난 강력하고 구체적인 메시지였을 것이다. 영혼의 메시지를 알아듣지 못하고 멈추거나 전환하지 않으면 꿈은 현실로 나타나서 우리에게 경고를 보낸다.

　존슨은 "어부 왕"과 "손 없는 소녀"의 신화를 현대인의 감정 기능 손상과 회복 과정에 대한 은유로 해석했다. 여자가 손을 다쳤다는 건 "내가 할 수 있는 게 뭐야?", "한 여자의 일 할 능력이 없음"을 나타낸다.

　신화에서 아버지의 욕망이 딸의 손목을 악마에게 팔듯이 현실에서 알코올 중독자의 딸은 일반적으로 '손 없는 소녀'다.

　그러나 '손 없는 소녀'는 안주하지 않고 내면의 깊은 지혜에 따라 숲으로 가서 침묵한다. 그 숲의 여성적인 세계에서 내적 여성성의 천부적인 힘이 드러난다. 소녀는 왕의 정원으로 들어가서 왕비가 되고, 순은으로 만든 손을 갖게 된다. 그 후 모함을 받은 왕비가 다시 위대한 치유자인 숲에서 아기와 함께 은둔하는 과정은 이제 기계적인 거짓 관계보다는 고독이 낫다는 것을 직관적으로 보여 준다. 그리고 냇물에 빠진 아기를 구하려 왕비가 '없는 손'을 뻗었을 때 '진짜 손'이 생긴다.

　"이 얼마나 멋진 순간인가, 이 얼마나 탁월한 치유인가, 왕비의 눈물이 치료했듯이 치유의 물에 손을 담근 것이 치유를 일으켰을까, 아니면 왕비가 나은 것은 순전히 시간이 지나고 길고 고통스러운 고독의 과정을 거쳤기 때문일까"라고 로버트 존슨은 말한다.

　"한 사람의 삶이 때때로 개인적 차원에서 매우 잘못될 때, 그 사람은 최상의 일이 일어날 수 있는 더 깊은 수준으로 내몰린다"라는 말도 존슨은 했다. 그렇게 '최상의 일'이 필요했던 나에게 "마음챙김-자기연민 프로그램"이 선물로 도착했다. 지금이 바로 연민과 자애가 의식으로 드러나야 할 그때였기 때문이다.

현실에서 놓친 그림자를 꿈의 메시지로 알아차리고 수용하는 작업도 자연스럽게 일어나기 시작했다. 꿈속에 할머니는 여전히 사소한 청소와 요리까지 도와주고, 되찾은 아이는 어른이 되며, 가면 얼굴은 상처가 생기는 진짜 얼굴이 되었다. 비난 앞에서는 가면이 필요했지만 따뜻한 연민 앞에서는 안심하고 가면을 벗어도 되었다.

명상 실습에 졸기도 하고 멍하게 수업 내용을 놓치면서도 4년간 계속 참여한 것은 지도자 스님들이 자신의 실수를 기꺼이 나누고 참여자들의 엉뚱한 질문도 따뜻하게 허용하는 모습이 일단 안심이 되었기 때문이었다. 아무런 가치판단 없이 피드백을 허용하는 모습에서 연민을 실천적으로 보여 주고 있다는 걸 느낄 수 있었다. 저렇게 연민하는 마음을 배울 수 있다면 내가 진짜 좋은 사람이 될 수 있겠다는 생각도 들고, 저렇게 수용하는 다정한 사람이 되고 싶다는 욕심도 생겼다. 지도하는 스님의 모습이 넘볼 수 없는 먼 존재가 아니라 가까이에서 다 괜찮다고 토닥거려주는 가까운 언니 같아서 나도 할 수 있을 것만 같았다.

고통을 연민하기

• • •

'마음챙김-자기연민' 지도자 자격증을 어디다 쓰겠냐 싶어서
마음이 반반이었다. 그런데 내가 하는 일에 별 관심도 없던 남편이
뜬금없이 해 보라고 적극 권유했다. 수업비도 대주겠다고 해서
한번 미루다가 두 번째 신청해서 지도자 과정을 시작했는데 남편이
수업비를 주지는 않았다.

남편은 우리 부모처럼 돈을 주는 것을 어려워하는 사람이다.
부모님은 아예 돈을 주는 걸 아까워하는 분들이었고, 남편은 조금
달라서 카드는 마음대로 써도 되지만 왠지 현금을 주는 것은
꺼렸다.

나는 어릴 때부터 기꺼이 주는 돈을 받아보지 못해서 남편에게 시원하게 돈을 줘보라고 사정해 보았지만, 남편도 등록금 받기 어려웠던 시절을 보낸 상처가 있어서 절대 기분 좋게 돈을 주지 못했다. 그래서 나는 카드를 자유롭게 쓰면서도 항상 가난한 기분이 들었다. 내 방식으로 기쁘고 기꺼운 마음을 받지 못한다는 생각에 내가 가치 없는 존재라는 낭패스러운 기분이 들기도 했다. 그래서 혼자인 내가 가엾기도 하고, 때로 잘못된 아이란 생각이 들었다. 나쁜 세상과 나쁜 내가 좋아지기 위해서는 기적이 일어나야 한다는 생각을 했다. 그러면서 속으로 나를 위한 기적이 일어날 리 없다고 내심 또 생각했다.

지도자 수업을 듣다가 "고통을 마음챙김하고 그 고통에 연민한다"는 말이 처음으로 가슴에 들렸다. 자애가 인간 존재 자체를 위로하는 거라면 연민은 고통받는 인간을 위로하는 것으로 서로 차이가 있다는 말도 선명하게 들렸다. 몇 번이나 들었던 내용인데 처음 들은 말처럼 가슴에 쿵 하고 들어왔다.

수업 중간에 나눔을 하는 시간이었는데 한 팀이 된 선생님이 "나도 오늘 알았어요. 마음챙김으로 고통을 알아차리고 그 고통에 연민한다는 거요" 해서 '나만 이제 안 게 아니었구나' 안심이 되어 박수를 치며 웃었다.

우리의 불완전함을 보다 큰 인간 경험의 일부로 보고 누구나 고통 받는다는 '보편적 인간 경험'이 느껴지는 순간도 있어서 긴장 되었던 마음이 쑥 가라앉았다. 굳이 위로를 덧붙이지 않아도 이미 위로를 받은 것처럼 편안해졌다.

나는 태생적으로 나쁜 아이여서 고통스럽게 사는 거라고 규정하고 있었다. 그런데 연민 수업은 인간의 고통을 보편적이라고 설명하고 있었다. 처음 들었을 리 없는 그 말이 비로소 느낌, 경험으로 내게 다가왔다. '나는 고통스럽다. 그러나 세상에서 나만 고통스러운 것이 아니다. 나와 같이 이런 경우에는 누구나 다 고통스럽다.'

나빠서 힘든 거라고 자기 비난으로 살았는데 바로 그 나쁘고 비난하는 마음만 있는 것이 아니라 마음 안에 따뜻하고 연민하는 내가 있는 걸 알 거 같아졌다.

세상이 치유되려면 나만 치유되면 된다는 말이 머리로는 충분히 이해되었지만 느껴지지 않았었다. 당연히 행동은 할 수 없었다. 그 이유가 자기 비난이 마음을 가로막고 있기 때문이었다는 것을 깨닫게 되었다.

마음챙김과 보편적인 인간 경험과 친절함은 연민의 세 가지 요소이다. 그 가운데 하나인 '보편적 인간 경험이라는 이해'를 하게 되었을 때 내가 느낀 건 깊은 위로여서 뭉클해지는 마음이 낯설면서 도 어색했다.

이것은 고통의 순간이다. 고통은 삶의 일부이다. 지금 이 순간

내가 나 자신에게 친절하기를, 내가 나 자신에게 필요한 연민을
줄 수 있기를….

푸른 방과 붉은 방

• • •

붉은빛이 도는 방은 팔을 자르는 곳이다. 푸른빛 방에는 여자 세 명이
비좁게 서 있는데 안전한 곳이다.

(2022년 1월 15일)

전날 남편이 오른 손목에 깊게 파인 상처가 나서 왼손으로 상처
를 누르며 병원에 가는 꿈을 꾸었다고 했다. 생각보다 깊은 상처여
서 하얀 힘줄이 움직이는 게 보였다고 했다. 그런데 오늘은 내가
팔을 자르는 방이 나오는 꿈을 꾸었다.

그러나 팔을 자르는 방이 있지만 안전한 푸른 방이 있고 세 명은 모두 안전한 곳에 있다는 것에 안심도 되었다. 남편의 꿈도 상처를 직면하고 병원에 가는 꿈이어서 우리 식구 모두에게 치유가 일어나는 기회가 될 것 같은 기대도 되었다.

아일랜드에서 결혼해 살고 있는 딸에게 한국에 치료받으러 오지 않으면 지원금을 못 보낸다고 한 직후여서 우리 부부의 꿈이 치료가 필요한 상황을 의미하는 것 같았다.

자기연민 수업을 받으며 부정적이고 비난으로 치우쳤던 삶의 시선이 이해와 자애의 긍정적인 부분도 보게 했다. 그래서인지 요즘 꿈의 특징은 두 가지 상황이 나란히 나타난다. 한쪽으로만 치우쳐 보고 있던 삶에서 다른 쪽 부분도 볼 수 있게 된 것을 의미한다는 생각이 든다. 붉은 방이 있기는 하지만 푸른 방도 있다. 우리 세 명은 모두 안전한 방에 있다. 나를 비난했던 마음에 대해 이해와 허용이 일어나면서 닫혀있던 한쪽 문이 열렸다.

꿈에서 병원에 가고 안전한 푸른 방이 있었듯이 소희는 한국에 와서 서울에 있는 대학병원에 스스로 한 달간 입원을 했다. 아이는 우울증이 심해졌는데도 오지 않고 있었다. 나는 엄마의 직감으로 필히 아이를 데려다가 제대로 치료를 받게 해야 한다는 생각에 안절부절했었다. 코로나 시국이어서 면회가 전혀 안 되어서 필요한 물건은 서울 사는 아들이 간호사에게 전달하는 방식으로 한 달을 견뎠다. 딸은 날마다 불평하며 힘들어했지만 한 달을 채우고 다시 아일랜드로 돌아갔다. 입원해 있는 동안 날마다 전화로 딸의 불평불만을 듣느라고 속이 상했다. 힘들어진 딸은 전화해서 나한테 성내고 비난을 퍼붓는데 나는 도울 방법이 없어서 애가 쓰이고 힘겨웠다. 그런데 뜻밖에도 아들이 그런 내 마음을 알아주고 위로해 주어서 지나갈 수 있었다. 실제적으로 뭘 해 주는 게 아니라도 친절한 말과 따뜻한 공감이 엄청 힘이 되는 걸 느끼는 계기이기도 했다.

내가 계속 판단과 비난으로 나를 흔든다면, 그 옆에 연민과 위로를 품은 존재는 잊힌다. 내가 두려움에 싸여서 나를 보호하고 방어하느라 딱딱해진 껍질로 살아간다면 내 안에 부드러운 연약함은 잊힌다. 사랑의 씨앗은 연약하고 부드러운 내면에서 발견되기 때문이다.

불완전함은 개인의 잘못이 아니며 인간의 자연스러운 모습이다. 우리는 누구나 갈망하고 두려워하며 병들어 쇠약해져 죽는다. 익히 들었던 말들도 존경하는 스님 목소리로 들으니 마음 깊이 들렸다. 인간의 보편적인 불완전함을 자연스럽게 받아들일 수 있다면 우리는 자신을 비난할 필요도 없고, 다른 사람에게 어떻게 보일 것인가 전전긍긍하지 않아도 될 것이다. 한계를 인정하고 받아들임으로 연약하고 부족한 나를 친절하게 대하기 시작할 때

새롭고 안전한 문이 열리는 걸 보게 된다.

나쁜 사람이 아닌 좋은 사람이 되고 싶었던 내 바람은 세상에 보여 주려는 이야기가 아니고 내 내면에 근본적 선함과 안전함이 존재한다는 걸 알아내겠다는 이야기였다. 이미 존재하는 내면의 선함과 안전함을 믿는 것이 내가 시작해야 되는 이야기라는 것을 알게 되었다.

노란 장미

• • •

바위를 타고 올라오려고 애쓰던 이전의 꿈 배경은 계곡이었다. 바닥은
말라서 물이 군데군데 고여 있었다. 요즘은 바닷가 절벽을 자유롭게
다니는 꿈으로 변했지만 바다가 보이는 절벽에 난 길을 통과해야 하는
꿈들이다. 친구는 앞서가 버리고 나는 바다에 빠질까 봐 무서워서 중
간에서 되돌아가려는데 유리잔 속에 노란 장미가 떠내려오고 있다.
(2021년 10월 4일)

노란 장미는 무의식의 바다로 뛰어들라는 손짓이었을까. 나는

지금도 절벽을 타며 바닷속 깊은 심연을 두려워하면서 서 있는 건 아닐까. 무의식의 깊은 내면에서 꽃이 피어서 올라오고 있는데도 겁을 내며 거기 그렇게 서 있는 것일까. 노란 장미의 꽃말은 지독한 사랑이지만 배신이기도 하다.

자기연민의 반대는 자기 비난이다. 자기 비난은 특히 내가 익숙하게 사용하는 나를 보호하는 방법이다. 다른 사람이 나를 욕하기 전에 내가 먼저 나를 욕함으로써 타인에게 당하는 모욕을 피하는 나름대로 체면을 지키는 전략이다. 그래서 솔직하다는 말을 듣기도 하지만 사실은 솔직함이 아니라 미리 선수 치는 자해여서 나는 몰래 상처투성이였다. 나는 어쩌면 자기 비난과 자기혐오 자체라고 해도 과언이 아니다.

가슴이 벌려진 상태로 길을 걸으며 가슴이 열린 너그러운 사람이라고 으쓱하는 꿈을 꾼 기억도 있다. 너무 잔혹한 꿈을 꾸면서도 너그럽고 괜찮은 사람이라는 가면이 너무 필요했다. 나의 몸에 밴 체면을 유지하기 위해서 희생당하는 건 가족이었다. 스스로를 비난하는 마음이 차고 넘쳐서 남편과 아이들을 비난하고 불만했다. 그래서 우리 집 식구들은 모두 마음이 아팠다. 남편과 나는 괜찮은 척 할 수 있었지만, 아이들은 많이 아팠다.

분홍 드레스를 차려입은 처녀의 발밑에 추앙의 표시로 장미꽃들이 널려 있는 어여쁜 그림을 보며 "우리 딸이 저런 모습이었으면 좋겠어!" 했다. 내 말을 들은 지인이 "그건 엄마가 원하는 모습이지요. 그렇다면 엄마가 하면 되지 왜 아이한테 하라고 하나요?" 했다.

딸은 그때 어린아이가 뒤꿈치를 들고 넘겨다보며 호기심 가득한 그림을 나에게 선물했었다. 딸은 아직 세상으로 나가지도 못했는데 나는 성장한 멋진 처녀를 소망했다.

내가 하지 못한 것을 딸이 해야 된다고 믿고 바라다가 못난 나를 딸에게 투사해서 온갖 비난을 했다. 너는 부잣집으로 시집을 가야 했다. 너는 대학원을 다녀야 했다. 너는 번듯한 전문가가 되어야 했다. 그것들을 하지 않은 너를 나 대신 미워했다. 좋은 대학을 다니지 못한 나, 부자가 아니었던 나, 재주가 없는 나, 너그럽지 않은 나를 너로 바꾸었다. 사실은 부자이고 재주가 많고 너그러웠던 딸을 나의 그림자로 덮어씌웠다.

오늘 나는 비로소 딸에게 손을 내밀었다. "언제든지 집에 오고 싶으면 오고 거기 살고 싶으면 살아도 돼. 그림만 그리고 싶으면 그렇게 해라. 하기 싫으면 안 해도 되고 뭔가 하고 싶으면 말해. 도움이 필요하면 언제든지 도와줄게."

아무것도 하기 싫다고 늘 화를 내던 아이가 눈물을 떨어뜨리며 말했다.

"내가 이렇게 사는 게 좋겠어? 아직 젊은데 아무것도 못 하고 이러고 살고 싶지 않아."

'그랬구나, 우리 딸 자신의 삶을 살지 못하고 덧씌워진 엄마의 그림자를 지고 살려니 얼마나 힘들었을까.' 내 맘대로 안 되어 미워 죽던 아이가 비로소 가엾고 애달팠다. 나를 비난하기를 멈추고 내가 원하는 것을 내가 이루었어야 했는데 아이를 붙잡고 흔들었다.

이번에 아일랜드로 돌아갈 때는 아이의 이름으로 만든 통장과 카드를 챙겨 보냈다.

'너의 삶을 살아라. 네가 만족한다면 좋고 네가 후회하더라도 괜찮다. 이제 너의 삶은 네가 겪어야 할 일들이니까, 네가 살아가는 것이니까 엄마는 이제 잊어버려도 된다.

너는 이번 생에 엄마를 가르치기 위해 태어났다는 걸 알겠다. 네가 그렇게 힘들어하지 않았으면 나는 내가 똑똑한 줄 알고 열심히 산 줄 알았을 것이야. 네가 슬픈 걸 보면서 무언가 잘못되었다는 걸 알기 시작했어, 알고도 일 년이 지나고 이 년이 지나다가 십 년이 지났어. 정말 미안해, 이제는 나의 두려움을 돌아보고 이만큼 시간이 필요했던 나를 챙기려고 해. 그 순간들을 그렇게라도 살아남고 싶었던 나의 최선이었음을 이해하려고 해.'

내가 서른다섯 살일 때 "용서가 안 된다"는 내 말을 듣고 "너는 너 자신을 먼저 용서해야 되겠구나" 말씀하신 분이 있었다. 그 말을 듣고 뭔 말인지 모르고 눈물이 흘렀는데 오늘이 바로 삼십 년을 건너 다시 "너를 먼저 용서하라"는 말을 듣는 그 시간이다. 내가 나를 용서한다는 것은 내가 나를 있는 그대로 받아들일 수 있다는 말일까? 불가능한 완벽함을 위하여 애쓰는 것이 아니고 여기 있는 나의 온전함을 바라봐 준다는 말일까?

부모가 살지 못한 무의식적인 삶은 자녀가 짊어져야 하는 가장 큰 짐이 된다고 한다. 나는 해결하지 못한 내 무의식의 힘듦을 자식들에게 떠넘겼다. 엄마가 하는 가장 해로운 일을 해 버렸다.

어쩔 수 없었던 그것이 최선이었을 젊은 엄마를 위로할 수 있었더라면 훨씬 더 빨리 아이들을 보살필 수 있었다는 아쉬움을 느낀다. 그러나 지금 나를 비난하는 것은 전환의 힘을 주지 않는다. 습관처럼 계속 판단하게 하고 반성하며 에너지를 소모시킬 뿐이다.

이제 나는 그 아쉬움을 지켜봐 주고 위로하려고 한다. 그 순간은 최선이었다고 위로해 준다. 이제는 스스로 용서하기 위해 아픈 가슴에 손을 얹어 따뜻하게 해 준다. 어떤 감정이든 지금 이 순간 부드럽게 흐르도록 놔둔다.

Part 2

마음챙김 수행하기

우리가 우리 자신의 고통을 마음챙김으로
향하기 전에는 우리의 고통에 대해 연민으
로 반응할 수 없다. 마음챙김의 중요한 핵
심은 현재 일어나고 있는 생각, 정서, 감각
에 호의적이고 비판단적 방법으로 집중하
도록 의도적인 선택을 하는 것이다.

두 개의 마음

• • •

어떤 건물로 들어가는 비탈길에 한 줄로 길게 뻗은 초록색 넝쿨 식물은
내가 키운 것이다. 잎이 무성한 부분도 있고, 위쪽은 잎이 듬성듬성한
부분도 있다. 너무 약해 보여서 염려스럽다. 누가 지나가다 밟으면
어쩌나 염려도 된다.
(2022년 2월 15일)

가지가 양쪽으로 뻗은 나뭇가지가 방 안 화병에 꽂혀 있다. 초록
잎이 예쁘다. 왼쪽 가지는 방 안으로 뻗어서 짧고, 오른쪽의 가
지는 문 쪽으로 길어져 문을 가리는 것 같아서 좀 더 방 안쪽으로

옮긴다.

(2022년 1월 12일)

마음챙김은 온전한 주의와 알아차림이다. 주의력과 알아차림은 실재로 우리 모두가 갖고 있는 인간의 능력이다. 그러므로 본질적인 마음챙김은 인간 보편적인 것이라고 할 수 있다. 마음챙김 수행은 지금 여기가 아닌 어딘가에 도착해야 하는 것이 아니고 나에게 없는 무언가를 얻어야 한다고 애쓰는 것이 아니다. 그 당연한 사실을 나는 처음으로 느끼는 중이다.

나한테 마음의 두 가지 영역이 있었는데 고통에만 머물러 있느라 자애의 영역이 바로 옆에 있다는 걸 몰랐다. 갑자기는 아니고, 반복하여 수업에 참여하던 도중에 문득 그 연민을 내 마음 안에서 느꼈다. 정말 놀랍게도 비난을 없앤 자리가 아니라 비난을 품어주며 보니 옆에 연민이 있었다.

내가 키우는 화초는 내 마음에서 자라는 연민과 자애인 거 같다. 아직은 너무 약하고 죽을까 염려되지만 키우고 있다. 방에서 자라는 양쪽 가지는 두 개의 마음 같다. 의식과 무의식이기도 하고 비난과 연민이기도 하다. 비난과 연민은 뿌리가 같다. 같은 뿌리에서 자라고 있는 두 가지이다. 비난하는 마음을 알아주고 위로하면 그것이 연민이다.

'기적 수업'을 설명하는 '무의식 마음의 지도' 그림을 보면 '에고의 마음'과 '성령의 마음'이 두 칸으로 나뉘어져 나란히 그려져 있다. 그림을 보면서 '에고의 마음'만 내 마음이고 '성령의 마음'은 노력해서 획득해야 할 나에게 없는 마음이라고 생각했다. 성령이 깃든 마음은 용서가 쌓여서 생기는 부분이고 인식의 전환으로 도달하게 되는 부분이라고 외우면서 나한테는 기회가 오지 않을 것으로 생각했다.

그러나 그림처럼 두 개가 다 내 마음속에 나란히 존재하고 있다는 것을 오늘 알게 되었다. 내가 죽을 때까지 '성령의 마음'을 엿보기나 하겠나 싶어서 포기하고 있었다. 그런데 내가 멈추고 알아차림을 하지 않은 거였을 뿐 '성령의 마음'도 내 속에 이미 있었던 것을 알게 되었다.

성령의 마음에 가려면 인식의 전환이 필요하다는 말을 말 그대로 외우고만 있으면서 돌아온 탕자의 사례까지 들어서 인식의 전환을 설명했던 내가 부끄럽다.

명상 수행을 날마다 숙제로 주면서 스님께서 너무 분투하지 말고 편하게 하라는 말씀을 많이 하셨다. 그 이유가 마음챙김으로 시선이 깊고 넓어지기만 하면 이미 내재되어 있는 연민과 자애의 마음이 자연스럽게 보인다는 이야기였다는 걸 이해했다.

우리의 한쪽 부분이 고통을 느끼지만, 다른 한쪽 부분은 연민과 자애를 느낀다. 나를 괴롭히는 것이 무엇인가 자각하는 순간에 연민의 손이 따뜻하게 나를 위로하며 우리는 치유된다.

애쓰지 않고 머무르기

•••

치열하게 살아왔다고 뿌듯했던 내 삶의 과정이 정말 그 방법뿐 이었는가? 하는 의심이 연민 수업을 받으며 계속 들었다. 나는 흐르는 강물을 막겠다며 버티고 서서 열심히 산다고 한 건 아닐까. 나는 덥다고 짜증 내고 춥다고 불만한 건 아닐까. 해가 왜 뜨고 지냐고 계절이 왜 바뀌느냐 불안해하고 왜 빨리 안 바뀌느냐며 원망한 거 아닐까. 나에게 오는 건 마다하고 가는 것을 붙잡으려 치열했던 거 아닐까. 그런 것을 열심히 살았다고 자랑스러워한 건 아닐. 그동안 나는 삶을 받아들이지 못하고 끝없이 불만 하느 라 고군분투했구나.

내가 부모님이 기꺼운 마음으로 주는 돈을 받아본 적 없는 것처럼 나 또한 딸에게 기분 좋게 돈을 준 적이 없다는 사실도 깨달았다. 그래서 딸은 자신을 무가치한 존재로 만드는 나를 피해 아일랜드로 가버렸다. 그리고 나는 딸이 돌아오면 주려고 돈을 모아 놓고 있는 중이었다. 딸이 집으로 돌아오고 나에게 돌아와야 한다는 것이 나의 판단이고 미래 계획이었다. 그 아이의 삶은 없고, 아이를 통제하는 내 삶만이 있었다. 내 말대로 하면 돈을 주겠다고 생각하면서 나중에 주겠다는 말을 절대 하지 않았다.

이제서야 나는 먼저 아이에게 돈을 주었다. 나에게 돌아오지 않아도 된다고 말했다. 다른 사람들 보기에 자랑스러운 삶이 아니어도 된다고 했다. 아이와 관계를 나쁘게 만들 의도는 아니었다. 친절하게 대하며 살아가는 방법을 몰랐다. 비판해서 고치도록 해야 된다는 생각만 했다. 그것이 당연한 줄 알았다. 비난만이 오직 내가 아는 한 가지 방법이었다.

이제 나빠진 관계를 돌아보며 나를 탓하는 것은 또 마음챙김이 아니고 저항이다. 내가 뭔가 잘못되었다는 생각을 하지 않아야 실제로 일어나고 있는 것을 명확하게 볼 수 있다. 내가 다시 스스로를 비난할 때 자책감만 커지고 에너지는 여전히 자책과 변명에 소모된다.

그때는 그 방법이 최선이었음을 알아주는 것이 마음챙김과 자기연민이다. 여기서 경험하는 연민은 또 다른 선한 의도를 일깨우는 동기를 부여해 주고, 실패에 대한 회복 탄력성도 이끌어 낸다. 살아남으려 했던 본능을 이해하고 순수한 의도였음을 알아줌으로써 새로운 시도를 할 수 있는 힘이 생기는 것이다.

이기적이고 나쁘다는 죄책감에 쌓여서 당연하고 익숙하게 비난의 세상에서 살다가 용서와 받아들임의 자리로 옮겨가는 것이 가능하다는 걸 알아가고 있다.

좋은 말이 쓰인 책도 보았고 좋은 강의도 많이 들었지만, 습관적으로 받아들이지 못했다. 계속 익숙하게 자신을 욕하면서 이성적인 인간인 척했다. 자신을 비판하고 반성하는 태도를 취하면 똑똑하게 보이는 줄 알았다. 의심과 비판이 현명한 행동의 증거인 줄 알았다. 부드러운 심성을 가진 사람을 보면 나는 모르는 세계여서 거짓이라고 생각했다.

자기연민의 양쪽 날개는 마음챙김과 자애이다. 타라 브랙은 마음챙김과 자애가 함양될 때의 결과를 '근본적 수용'이라고 표현했다. 연민과 근본적 수용의 도착지는 결국 우리 내면 가장 깊은 사랑이어서 자기용서와 맞닿아 있다.

집으로 돌아가는 길

•••

단체로 놀러 갔다가 돌아가려고 진주 가는 버스를 타려고 한다. 나는
세 번째 도착한 버스를 여유 있게 탔는데 같이 간 여자의 아이가 없다.
여자는 별걱정 없이 내려갔다가 그냥 오고 오히려 나는 걱정이 되어
다른 버스의 기사 번호를 알아내 아이가 다른 버스에 있다는 걸 확인했다.
(2021년 9월 21일)

물이 깊은 곳에서 발만 잠기는 낮은 곳으로 나온다. "산모퉁이를 돌면
진주냐"고 교사인 여자에게 물으니 그렇다고 한다.
(2021년 10월 15일)

일 년 전 꿈속에서 지혜로운 할아버지가 나타나 진주에 도착하면 된다고 하면서 바다를 건너게 도와주었는데 아직도 나는 진주가는 버스를 타고 있고, 산모퉁이만 돌면 진주냐고 묻는 꿈을 꾸고 있다. 진주에 가려고 묻고 확인하는 꿈이 떠도는 마음을 보여 준다는 생각이 들었다.

마음챙김 명상의 첫 번째 통찰은 반갑게도 "마음은 떠돈다"는 것이다. 우리는 명상하려고 눈을 감아 보지만 막상 몰려오는 여러 생각들로 인해 당황할 수밖에 없게 된다. 호흡을 지켜보겠다고 마음을 먹지만 두 번 세 번을 못 지켜보고 다시 처음으로 되돌아와야 한다. 그런 이유로 명상이 나와 맞지 않구나, 포기했던 세월이 길었다. 미동도 없이 고요히 앉은 사람들을 보며 집중하지 못하는 내가 부끄럽고 실망스러웠다. 그러나 마음이 떠도는 것은 정상이며 생존을 위해 활성화되어 있는 뇌의 프로그램이라는 이야기를 듣고 나는 무척 안심이 되었다.

무심의 경지가 왜 그렇게 탐이 났는지 이유도 모른 채 마흔 살 전후로 해마다 인도 아루나찰라에 있는 마하리쉬 아쉬람에 다녀오곤 했었다. 향이 타는 연기와 꽃과 기도 소리로만 채워진 그곳이 늘 그리웠다. 아루나찰라의 정상에 서면 시바 신을 마주하고 들끓는 마음이 사라지는 기적을 만날 것 같았다.

그러다가 3년 전에 지인들과 오랜만에 다녀오면서 이번이 삶에서는 마지막 방문이다 싶었다. 기적도 내 안에서 일어나는 것이지 밖에서 오는 것이 아니라는 것을 지식으로는 알았다.

돌아오기 전날 마하라쉬 성자의 생전 사진을 전시해 놓은 곳에서 허리가 구부정한 할머니가 성자를 친견하는 사진 한 장을 보았다. 한참 바라보다가 그냥 물러 나왔는데 가끔 그 할머니가 지팡이를 짚고 서서 마루에 앉은 성자를 올려다보던 모습이 생각이 난다. 아마도 나도 할머니가 되어가는 중이라서 그런가 싶다.

집에는 지금도 그곳을 그리워한 흔적들로 시바신의 현존이며 에고를 없애준다는 아루나찰라산과 고대의 사원과 마하리쉬의 사진들을 모아 놓았다. 사진들 앞에 멈춰서 한번 고요해져 보자 생각만 하면서 사진 옆으로 휙휙 지나다니기만 한다. 마음은 늘 핑계가 많아서 떠돌고만 있다. 그래 오늘은 사진을 쳐다보며 바쁘게 지나가는 나를 멈춰 세운다. '10분도 여유가 없구나, 그렇다면 5분만 멈출까, 호흡 열 번은 어때, 열 번 못 해도 괜찮아' 시도한 나를 격려하고 칭찬하자. "잘했어."

뭐든 실천하면 강화된다는 신경가소성의 원리를 연구한 뇌 과학자들은 나이가 많아져도 지속적인 수행을 하면 원하는 변화를 일으킨다는 것을 확인하였다. 우리가 완전해지려는 것이 아니라 원하면 작은 변화부터 실제로 가능하다는 것이다. 그래서 자기연민 수업에서는 우리 각자가 가능한 만큼 일상에서의 짧은 수행과제를 소중하게 여긴다.

명상할 때는 마음에 무엇이 나타나든 그 생각과 친해지고 그 생각을 알아차림하여 부드럽게 허용하라고 한다. 명상이 생각을 일어나지 못하게 하거나 생각을 변화시키려는 것이 아니라는 말은 명상을 시작하는 우리를 편안하게 해 준다.

들판이 보이는 집

•••

시댁으로 보이는 집 안에서 들판이 보인다. 방에 어질러진 것들을 치
워야 한다. 안 본 지 오래된 친구가 도와주러 오는 것이 보인다.
(2022년 9월 14일)

꿈을 꾼 일 년 후에 들과 산이 마주 보이는 집으로 진짜 이사를
했다. 이사 와서 치우고 청소하느라고 고생을 많이 했다. 집을
청소하면서 방치했던 내 마음을 치우는 거 같아서 기분도 개운했
다. 청소하다가 밖에 나무와 풀들을 보면 가슴이 시원했다.

같은 시기에 들판에 편하게 누워 있던 꿈도 생각난다. 누워 있는 들판 맞은편에 탑 같기도 하고 등대 같기도 한 구조물도 하나 보였다.

"옳고 그름의 개념 너머에 들판이 있다. 그곳에서 너를 만날 것이다. 마음이 그 풀밭에 드러누울 때 세상은 꽉 차서 더 이상 말할 게 없다"는 루미의 시가 생각나는 꿈이었다.

나는 친구를 어떻게 대했을까. 그 친구는 불행해 보였고 그때는 몰랐지만 나도 같은 상황이어서 싫었다. 친구는 자신의 능력을 과소평가해서 역량을 발휘하지 못했다. 자신의 장점은 당연해서 무시하고, 단점은 수용하기 어려워했다. 답답해서 충고도 하고 그랬는데 나도 너무 같은 사람이었구나 싶다. 안 만난 지 십 년도 넘은 친구를 꿈에서 보는 것은 여전히 해결되지 않은 내 그림자를 깨닫고 전체적으로 수용하여 자유롭기를 바라는 무의식의 메시지이다.

지금도 그렇지만 자주 꾸는 꿈의 하나가 모든 상황은 준비되어 있는데 혼자 우물쭈물하는 꿈이다. 현실에서도 수업을 맡게 되면 준비 부족으로 당황한다. 당일에야 허둥지둥하고 결국 빼먹거나 놓친다. 아무런 준비 없이 나설 때도 있다. 그래 놓고 당연히 남들은 모르는 실수를 해서 한심해한다. '내가 뭐 그렇지' 하며 씁쓸하게 접고 나중에 또 같은 일이 일어난다. 최선을 다하지 않고 자신의 역량을 보여 주지 못하던 꿈속의 친구에게 느꼈던 아쉬움과 하나도 다르지 않다.

그러고 보니 지혜로운 할머니가 청소해 주고 부엌에서 음식도 해 주던 꿈이 생각난다. 오죽하면 할머니가 도와주러 나섰는데도 내가 나를 믿고 지지하는 것이 안 되었구나 싶다. 할머니가 나가다가 마당에서 주춤하고 서서 나를 돌아보시던 눈길이 이 이야기를 하고 싶었는가 싶다.

'너를 믿어 주고 친절하게 대해야 해. 그래야 힘을 내서 잘할 수 있어. 너의 내면에 이미 너의 사랑과 너의 가치가 다 있어. 남이 주는 게 아니야. 네 안에서 그걸 발견하는 거야. 네가 이미 사랑이고 네가 원래 가치 있는 존재야.'

시댁은 시부모님이 돌아가시고 나서는 전혀 방문하지 않은 곳이다. 내가 들여다보지 않은 내면에 어질러진 방이고 친구도 만난 지 몇 년이 지났다. 오래되어 방치된 내 마음의 방과 환한 녹색 들판이 같이 보이는 것이 에고와 성령이 함께 있는 무의식의 마음 같다. 쓰레기 방은 자기 비난으로, 초록 들판은 흐름을 따라가는 연민으로 보이기도 한다. 섭리에 따라 피고 지는 자연과 같이 나에게 오는 조건들을 지나가게 하는 것이 마음챙김이고, 자신을 옳고 그름으로 나누어 보지 않고 받아들이기를 바라는 꿈이다. 내가 나를 잘 보살피는 사람이었다면 평소에 친구를 지지해 주고 친절하

게 대했을 것인데 보기 싫은 내 모습이 투사되어서 못 만나는 사이가
되어 버렸다.

그때 소극적이고 용기 내지 않는 친구를 무시도 했는데 불교
유식에서 설명하는 내가 옳다고 생각한 '아견'으로도 설명이 될
거 같다. 요즘 유식에 관한 책을 읽고 있는 중이어서 잘난 척과
겸손한 척을 번갈아 한 '아만'으로도 이해가 된다. 그래도 친구가
있어서 쉽게 이룬 일도 있고, 함께하며 세월을 건너왔는데도 이기
적으로 나만 챙기는 '아애'도 보인다.

'무아'이며 '공'인 나를 바르게 알지 못하는 것이 '아치'이고, 이렇
게 무지한 '아견'에 집착하기 때문에 괴로운 삶을 살 수밖에 없다는
것이다. 모든 번뇌와 고통이 결국 '아치'에서 시작됨으로 '무아'이며
'공'인 나를 깨닫는다면 저항을 내려놓을 수 있다고 이해했다. 삶의
본질은 사실, 문제가 없다는 것인데 저항이 번뇌라는 망상을 만드
는 것이라 이해했다.

연민 공포

● ● ●

초등학교 때 살던 학교 관사였던 집과 같은 구조의 집에 내가 이사를
했다. 그런데 부모님도 길 건너 오른쪽 비탈진 끝에 높게 자리한 이층
한 칸을 얻어 이사를 했다.

이사로 인한 전입신고와 은행 일을 보려고 길을 찾다 아직 가보지 못한
부모님 집에 들렀는데 서울에서 동생 둘과 동생의 아이 둘까지 와서
피곤하다며 마루에 누워 있다. 안쪽 방에는 아픈 아버지가 누워 있고
옆방에는 아들이 컴퓨터를 하고 있는데 3, 4학년 정도로 보이는 남자
아이가 의자 옆에 숨어 있듯이 있다. 아들은 아이에게 컴퓨터를 가르
쳐 주는 중이라고 한다. 동생들 저녁밥을 먹여야 할 것 같아서 집 건너

길에 나와서 식당을 살펴본다. 사찰음식처럼 한 상을 차려 주는 곳을 찾고 싶다.

(2022년 4월 22일)

부모님이 진주로 이사를 결정한 것은 6월 초였고 이사는 6월 말이었는데 이미 두 달 전의 꿈에서 부모님과 내가 가까운 곳으로 같이 이사를 했다. 초등학교 때 살았던 학교 관사로 내가 이사 갔다는 것은 내가 어린애가 된다는 걸 미리 알려 주고 있다. 물론 부모님이 이사 오고 5개월이 지나서야 이해하게 된 일이다.

3, 4학년 정도의 남자아이가 숨어 있는 모습이 내가 그 나이의 아이 심정으로 퇴행하는 걸 알려 주고 있다. 학교 안에 있던 관사로 내가 이사했으니까 공부를 하게 된다는 뜻도 내포하고 있다. 나중에야 이 꿈을 발견해서 신기했고, 공부하라고 닥친 상황이라는 것에 크게 공감되었다. 부모님과 가깝게 살게 되므로 내가 내면의 어린아이와 오래된 감정들이 여전히 미해결 과제였음을 알게 된 엄청난 기회였다.

"내가 어른이 되면 사는 게 즐거운 것이라는 걸 어머니에게 알려 주겠다고 결심했었어요. 어머니는 아버지를 보면 우리가 얼마나 못되었는가에 대해서 이야기하고, 자식들에게는 아버지가 얼마나 나쁜 인간인가를 이야기했어요. 아버지와 우리는 서로 피해 다녔어요. 정말 미친 듯이 싸움을 하던 당신들의 주제는 돈이었어요. 그래서 나는 돈이 많이 있어야 사랑이 가능하고 행복할 수 있겠구나, 머리에 입력했어요.

싸움을 한 다음 날은 또 내가 욕을 먹는 날이었어요. 얻어맞는데 말리지도 않는 매정한 년, 독한 년이라며 어머니는 내게서 고개를 돌렸어요. 솔직히 어머니, 나는 마음속으로 어머니 편이었던 적이 없어요.

내가 어른이 되어서 달마다 돈을 보낸 건 조금이라도 당신들이 행복해지라는 뜻이었어요. 돈 때문에 싸우고 지금도 계속 싸우는 당신들에게 돈을 보내면 좀 나아질까 생각했어요. 그리고 당신들이 원하던 돈이 생기면 더 큰 기쁨이 되어줄 것으로 생각했어요. 나는 좋은 사람이 되고 싶었어요. 착한 사람이 되고 싶었어요. 좋은 딸이 되고 싶었어요. 그렇게 하다가 정작 좋은 아내, 좋은 엄마는 되지 못했어요.

90세가 가까워지는 부모를 내가 사는 곳으로 모신 건 나의 로망이었어요. 지옥을 살아가는 당신들과 늙어가며 이야기를 나누고 싶었어요. 불같이 타고 있는 당신 속을 잠잠하게 해 주고 정리하게 도와주고 싶었어요. 아니요, 나는 아직도 타고 있는 내 마음에 불을 당신들이 꺼주기를 기대했나 봅니다. 당신들이 나를 사랑하기를 바랐는가 봅니다. 내 앞에서 현금 보따리를 숨기려 애쓰는 당신들을 보기 전에요. 지팡이를 짚고 다니면서 아직도 돈 때문에 싸우고, 싸우는 이유를 내 탓으로 하는 어머

나를 보기 전에요.

연민의 문이 열리는 순간 아픈 비명이 터져 나오네요. 추운 겨울 차갑게 언 손을 덥히기 시작하면 언 손이 따뜻하게 풀리면서 아프듯이요. 그래요. 이전에 처음으로 명상을 한다고 앉았을 때 갑자기 오래된 손목의 흉터가 찌르듯 아팠어요. 스무 살 때 삼천 원만 달라고 하다가 돈 없다는 어머니한테 욱해서 유리창을 치고 두 시간 수술했던 손목의 흉터요. 상처를 꿰맨 실을 제거하는 날도 금속성의 핀셋이 손목에 닿는 순간 나는 기절을 했어요. 지금도 스르르 몸이 넘어가던 그때를 기억해요. 손목을 다치던 그 시간의 이야기가 갑자기 생생하게 떠올랐어요. 그때 나는 칼을 들었고 부모를 죽이고 싶었다고 그러나 그러지 못해서 나를 죽이려고 그 칼로 나를 찔렀다고. 그때도 어머니는 병원에 오지 않았어요. 나도 당연하게 생각했어요. 나쁜 년을 위해서 움직일 사람이 어디 있는가 이해가 됐어요."

처음으로 나를 위한 연민을 알게 되는 시간이었다. 나는 무척 기쁘고 들떠 있었다. 그런데 내 안에 사랑의 문을 발견하자 사랑받을 수 없었던 내가 튀어나왔다. 잊고 싶었던, 잊어버렸다고 믿었던 수치심이었다. 고통은 '역류'로 인한 감정이고 우리의 타고난 저항에 대한 저항이라고 했다.

"저항하는 나를 괜찮다며 달래고 다독거려 주어라. 그리고 지금 힘들고 두려운 마음에 머물러라. 저항은 우리의 보편타당한 마음이다, 머물러라. 불안하고 혼란해도 그저 머물러라, 그저 머물러라. 더 이상 참을 수 없다고 해도 머물러라, 머물러라.

호흡의 리듬에 주의를 기울이면서 스스로에게 환영해 주는 미소를 지어본다. 자신에게 편안하고 친절한 말을 속삭여 준다. 발바닥이 바닥을 느끼는 것을 자각하며 내가 몸만 아니라 마음까지 이곳에 있다는 것을 안다."

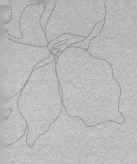

Part 3

자애 수행하기

자애는 일체중생이 행복하기를 바라는 소
망이다. 연민은 일체중생이 고통에서 벗어
나기를 바라는 소망이다. 그저 '모든 존재
가 평화롭기를' 하고 시작만 해도 아주 쉽
게 자기친절의 마음이 일어난다.

너의 짐이 아니다

...

절 앞에 개울이 보인다. 거기에 가운데가 조금 볼록한 짧은 다리가 있다. 왼쪽에서 오른쪽에 있는 절 쪽으로 건너간다.

(2022년 9월 4일)

남편이 대구에 간다고 해서 다리를 건넜는데 내가 뒤따라가서 합류한다. 깨달음에 이르는 새로운 모임이 대구에 생겼다고 한다. 그것은 신부님들이 만든 거라고 한다. 진주에도 지부가 있다고 해서 남편을 따라가서 나도 들어갔다.

(2022년 9월 15일)

이제까지 익숙하게 지내던 자기 비난의 장소에서 새롭게 연민을 공부하는 쪽으로 건너간다. 내가 그렇게 생각하고 이전의 습관에서 벗어나려는 중이니까 내 맘대로 해석했다.

저항도 자기 비난처럼 아픔으로부터 우리를 보호하기 위해서 작동되는 방어기제이다.

"고통 자체는 그다지 나쁘지 않다. 진짜 괴로운 것은 고통에 맞선 분노다"라는 엘렌 긴즈버그의 말은 아픔을 없애려고 더 큰 고통을 만들어 내는 일반적인 심리 공식을 설명하고 있다.

마음챙김 책을 읽다가 문장 한 줄이 이유 없이 마음을 끌었다.

그리고 불편함이 있다면 가슴을 조금이라도 부드러워지게 할 수 있는지 봅니다. 왜냐하면 그냥 불편하니까요.

"왜냐하면 그냥 불편하니까요"라는 말에 긴장이 녹고 부드러워지는 것 같았다. 이유를 찾고 분석하지 마라. 일단은 "그냥 불편하니까 위로하자"라고 말하고 있었다. 머릿속에서 종이 댕댕 울리는 거 같았다. 늘 이유를 찾아서 해결책을 찾으려고 했지, 그냥 힘드니까 슬프니까 위로해 본 적이 없다.

수업 도중에 "지금 어떤 느낌이 느껴지나요?" 스님이 질문한 나에게 되물으신 적이 있었다. "슬퍼요." 말하는 순간 눈물이 고이며 질문이 없어진 경험을 했었다. 머리가 아프다는 대답에 "지금 해답이 뭔가 궁리하고 있지요. 그냥 느껴보세요" 하셨던 이유가 확실하게 이해되는 문장이었다.

다음 장에서도 비슷한 문장이 보였다.

자기연민의 주요 역설은 우리가 분투하고 있을 때 기분이 나쁘기 때문에 연민을 주는 것이지 기분이 좋아지기 위해서가 아니다.

그냥 '기분이 나쁘기 때문에'였다. 좋아하는 감정은 붙잡고, 싫어하는 감정은 없애려고 하는 것이 일반적인 삶의 형태이지만 아쉽게도 그것은 마음챙김이 아니다. 그것이 숨겨진 저항인 것이다.

일반적으로 저항의 모습은 신체적 긴장, 걱정, 과로, 과식, 불필요한 화, 산만함 등이어서 마음챙김을 할 때 인식할 수 있다. 마음챙김으로 나의 상태를 알아차리고 친절을 추가한 것이 자기연민인 것이다.

기분이 좋아지기 위해서가 아니라는 설명 뒤에 감기 걸린 아기의 사례가 있어서 더 잘 이해할 수 있었다.

감기에 걸린 아이를 보면 엄마는 따뜻한 마음으로 보살핀다. 감기를 낫게 할 수는 없어도 당장 힘들어하는 아이가 가엾어서 보살피는 것이다. 우리가 기분이 안 좋을 때 우리 자신에게 똑같은 친절을 베풀 수 있는가?

2년 동안 잘 버텨오다가 기어이 코로나에 걸렸다. 인후통 때문에 침을 삼키면 거의 목이 찢기는 거 같아 괴로워하며 깊은 잠을 잘 수가 없었다. 잠결이었는지 꿈이었는지 나는 몸에 침입한 바이러스하고 대화를 시도했다. 웅크리고 있던 몸을 바로 누이고 양팔은 몸 옆에 내려놓으며 힘을 빼고 바이러스에게 말을 걸었다.

'우리가 만날 때가 되어서 만났겠지. 너를 환영하는 건 아니지만 너도 네가 해야 할 일을 하고 있는 거겠지. 시간이 되어 너의 할 일이 다 끝나면 네가 사라진다는 것도 알아. 나는 그때까지 버티고 견뎌야 되겠지. 너는 너의 일을 하고 나는 내가 할 수 있는 걸 할 거야.'

정말 한순간에 긴장과 아픔으로 곤두서 있는 온몸에 돋아있던 돌기 같은 것들이 일제히 힘을 빼며 눕는 게 보였다. 그렇다고 증상이 갑자기 좋아지거나 그런 일은 물론 일어나지 않았다. 잘 알 수는 없지만 날카롭게 곤두서 있던 내 몸의 긴장이 사라진 건 사실이었다. 아픈 것이 받아들일 만해졌다. 나머지는 순리대로 흘러갈 것이다.

중요한 사실은 내가 한 번도 내 몸뿐만 아니라 나라는 자체를 보살피는 마음으로 말을 걸고 위로를 한 적이 없다는 것이다. 물론 이전에도 나를 고쳐서 좋은 사람이 되려고 다양한 방법을 시도했었다. 그때마다 내가 나쁜 사람이라는 생각이 앞섰다.

이제는 그 좌절감을 연민하며 위로의 말을 건네는 것을 배웠다. 나쁘다고 생각한 나를 없애버리거나 미워하지 않고 이해하고 위로해 주는 것을 배웠다. 사랑받고 싶고 보살핌받고 싶었을 그 마음을 알아주려고 한다. 그냥 보살핌이 필요하니까, 그냥 위로가 필요하니까 먼저 그런 나를 보듬고 따뜻하게 위로해 주겠다.

붉은 목도리

• • •

지위가 있는 남자가 목도리를 바꿔다 달라고 해서 목도리 만드는 집으로 올라간다. 가게는 3층인데 이불 가게를 거쳐서 올라가는 곳이다. 저번에 갈 때는 이불이 놓여 있어 밟고 올라가야 해서 주인 여자 눈치가 보였는데 이번에는 통로를 내어 마음 편하게 올라간다. 남자가 따라 올라와서 나에게 붉은 목도리를 둘러 준다. 선물을 주려는 호의가 느껴진다. 순간적으로 꿈이 무채색 바탕에 붉은색만 선명하게 도드라지는 풍경화처럼 보인다. 나도 빨강을 원하기는 하나 조금 색이 연하고 레이스 달린 목도리도 해 보고 싶다.

(2022년 2월 13일)

목도리는 누구나 필요하고 특히 추울 때는 몸을 따뜻하게 해 주는 물건이다. 위로와 격려를 받는다는 자애의 의미 같다. 거기다가 호의적인 선물이고 붉은색이어서 행복한 꿈이다. 연민을 배우면서 역류가 일어나고 힘들었는데 따뜻한 위로를 받는 것 같다. 실제로도 내가 추울 때 목도리를 둘러 줄 감사한 사람들이 있어서 고맙다. 빨간색은 생명력과 열정의 느낌이어서 하고 싶은 일들이 잘될 거라는 격려의 의미로 느껴진다.

이불도 사람을 따뜻하고 폭신하게 감싸 주는 애정이 연상되는 물건이다. 이것이 발로 딛고 다닐 수밖에 없이 어질러져 있었는데 지금은 잘 치워져서 통로가 나 있다. 이전에 몸을 탐색하는 공부를 할 때 희고 폭신한 이불이 어린 나에 대한 보살핌의 상징으로 이해되었던 생각이 난다. 몸에 가장 가깝게 닿고 따뜻하게 하는 중요한 상징이다. 그러한 이불이 이젠 정리되고 그 아기에게서 벗어났다고 말해 준다.

그런데 내가 빨간색을 부담스러워하며 조금 더 연한 색과 레이스를 원하고 있다. 내 안의 남성성이 선물하는 빨강의 강렬함이 부담스러운가, 먹물이 번진 배경에 빨간색 하나가 강렬하게 존재하는 것을 보는 게 부담스러운가. 지금 보니 빨강이 너무 멋지고 연한 색이랑 레이스 같은 거는 희미하고 안 좋은데 그때는 그랬나 보다.

나는 원래 좋은 조건이 잘 마련되어 있는데도 굳이 실망하는 꿈을 많이 꾼다. 그런 꿈이 늘 당혹스럽고 안타까웠는데 이 꿈에서도 그런 부분이 있다. '좋은 건 내 것일 리가 없어. 너무 좋은 것은 내가 가지면 안 돼' 하면서 이미 예쁜 목도리를 선물 받았는데도 다른 것이 더 좋아 보이는 마음이다. 실제 생활에서도 일어나는 일이고, 내 안에 이미 있는 선함과 자애를 부정하고 보지 못했던 마음이기도 하다. 그래서 있는 그대로의 나를 받아들이는 궁극적 목표는 선함과 용서이다.

'그랬구나, 좋은 것은 너한테는 어울리지 않는 거 같았구나. 좋은 거 갖고 있으면 시샘 받을 거 같아서 무서웠던 거니? 이제는 괜찮아. 이제는 마음껏 누리고 즐겨도 돼. 따뜻한 빨간색 목도리를 두르고 너의 열정을 발휘해 봐. 내가 너의 옆에 있을 거야. 나는 너의 편이야. 너는 멋지고 선량하고 사랑스럽구나.'

나쁜 아이

• • •

어떤 종교 모임에 딸이 참석해 있다. 억대가 드는 굿을 해야 한다고
해서 나는 딸에게 "굿을 하면 네가 스스로 자립해서 살 거나?"며 다그
친다. 내 말의 소용없음과 비효과적임을 느낀다.
(2021년 11월 2일)

꿈속의 딸 또한 나를 가리키니 다시 나 자신의 의존심과 자립에
대해 생각해 봐야 하는 꿈이다. 나에게 의존이란 단어는 아예 듣고
도 잊어버릴 정도로 의식 밖의 단어였다. 대상관계 이론 수업 중

의존에 대한 설명을 다 듣고 나서 내가 질문했었다. "근데 지금 설명한 그 단어가 뭐였어요?"

어린 시절에 어머니의 돌봄이 부족했던 딸은 과도한 독립을 꿈꾸며 거짓된 독립 자아로 살아간다. 어머니를 사랑하며 또 미워했던 혼란한 마음은 어른이 되어도 내가 원하는 것을 알아채기 어려웠고, 나를 도와달라고 하는 것은 더욱 어려웠다. 어머니의 고집스러움은 나를 있는 그대로 봐주지 않았다. 꿈속에서 딸을 다그치는 내가 내 어머니와 똑같은 모습이어서 섬뜩하다. 나는 보살핌과 따뜻한 지지가 필요했다. 그 보살핌이 없어서 서러웠다.

다행히도 꿈속의 나는 다그치는 말의 소용없음과 효과 없음을 알고 힘이 빠져 있다. 자립을 못 해서 힘들어하는 딸을 껴안고 따뜻하게 위로해 줘야 한다.

"힘들었지. 네 잘못이 아니야. 내가 너를 위해 여기에 있어"라고 말해야 한다. 또 나를 향해서도 똑같은 말을 해 주고 싶다. "네 편이 필요했지. 네 잘못이 아니야. 이제 내가 너를 지지하기 위해 여기에 있어."

여고 때 어머니한테 욕을 뒤지게 얻어먹다가 나가 죽어버리라는 말을 듣고 자취하는 친구랑 같이 시내버스를 탔는데, 갑자기 갈고리 같은 것이 날아와서 왼쪽 눈 위에 박혔던 적이 있다. 눈썹 쪽이어서 다행이긴 했는데 당황한 나도 그렇지만 운전기사 아저씨는 더 놀라셨다. "도대체 이 날카로운 갈고리 같은 게 어디에서 튀어나왔지?" 하시며 어안이 벙벙한 표정을 하셨다. 어머니의 저주가 실체화된 사건이어서 '나는 정말 나쁜 아이구나' 하는 평소의 생각이 확인되는 것 같았다.

나중에 어른이 되어 만난 친구는 자기 어머니한테 나를 데려다 놓고 먹여 살리는 것 때문에 그렇게 욕을 얻어먹었다고 했다. 알고 보니 친구도 자기 어머니한테 "못생겼다", "살이 쪘다"라는 말을 들으며 정서적으로 학대받는 딸이었다. 친구의 어머니는 계모 밑에서 자란 딸이었다.

이 글을 쓰면서 아일랜드에 사는 딸과 카톡을 주고받게 되었다. 딸에게 돈을 줄 테니 상담 회기도 줄이지 말고 요가도 배우라고 했다. 요가는 혼자 할 수 있다고 하기에 자기연민 수업을 줌으로 받아볼 것을 권유했다. 엄마는 연민을 배우면서 이전에는 안 믿었던 좋은 것들이 믿어진다고 말해 줬다. 딸은 엄마가 연민으로 도가 트였나보다 하면서 자기도 연민 수업을 받겠다고 했다. 내가 프로그램을 권하면 먼저 짜증부터 내던 아이가 맞는가 싶어 깜짝 놀랐다. 4년 전 연민 수업을 가자고 할 때도 별말 없이 와서 신기했는데, 이번에도 이상하다. "찾아서 연락해 줄게" 했더니 고맙다고 했다.

어린 시절의 나를 돌볼 수 있는가, 버려지고 상처받은 내면아이를 연민과 자애로 위로하고 보호할 수 있는가를 묻는 것이 이번

회기의 내용이었다. 실제 수업에서 나한테 엄청 어려운 작업이어서 몇 번의 수업에서도 제대로 하지 못했던 과정이었다. 오늘 글을 쓰면서 딸과 문자를 주고받으며 숙제가 반은 해결된 기분이었다.

딸을 믿어 주고 딸을 위해서 헌신을 약속하면서 이전에 믿지 못했던 마음이 사라졌다. 내 안의 슬프고 화난 아이, 차갑게 얼어붙어 있는 아이를 조금 껴안은 것 같았다. "내가 너를 지켜줄게. 걱정하지 마라." 울고 화나 있던 내면아이가 쑤욱 자라고 있다. 자기연민 수업을 긍정적으로 생각하고 다시 수업을 받아 보겠다는 딸이 대견하다. 딸이 나를 인정하는 것 같아서 기뻤다.

나를 전체적으로 조금씩 받아들이게 되면서 남편과 아이들을 거의 비난하지 않게 되었다. 그러나 워낙 비난당하는 게 익숙한 아들이 어제께 별말 안 했는데 발끈했다. "나는 너를 비난할 마음 없었어. 옛날에는 그랬지만 지금은 너를 비난하지 않아" 하며 전화를 끊었는데 바로 다시 전화가 울렸다. 내 질문을 잘못 들었다는 걸 깨달았다고 한다. 다행이다. 너도 다행이고 나도 다행이다.

나쁜 나를 야단치기보다 그러한 나를 이해하고 친절하게 대함으로 상처가 조금씩 아물고 있다.

글을 쓰고 있다는 내 말에 딸이 또 쓰냐고 묻는다. "그럼, 우리 딸이랑 행복하게 지내는 이야기를 써야지" 했더니 "좋네, 좋아"라고 한다. 딸이 좋다고 대답하니 다행이고 안심이다.

어두워진 창밖에 삐오롱 거리며 바쁘게 둥지로 돌아가는 새소
리가 들리는 편안한 저녁이다.

시험과 답안지

• • •

남편이 시험을 보는 꿈을 꾸었다는 말을 들은 날, 나도 시험지에 답을 적어야 하는 꿈을 꾸었다. 초등학교 선생으로 아이들 시험 감독을 하는데 나는 답안지를 만들어서 들어간다. 나도 답안지를 써넣어야 한다.

(2021년 12월 18일)

꿈에서 시험은 항상 삶의 진실을 알고 있는지 묻는다. 나는 시험 감독이지만 또한 시험지의 답을 써야 하는 학생이다. 삶에서 우리는 항상 자신의 교사이면서 학생이다. 연민과 자애라는 답안지를 이미 갖고 있는 교사이지만 여전히 실천하는 데 있어서는 학생으로서 배워갈 수밖에 없다는 의미일까. 다른 사람에게 했던 가르침이나 조언들은 모두 나에게 필요한 조언들이다. 내가 하는 충고를 타인이 들을 필요는 없다. 나의 충고를 내가 들어야 한다는 것이 내 삶의 진실이고 해답이다.

남편이 아침에 자동차 시동이 안 걸려서 당황하는 걸 보았다. 배터리가 방전되어서 내가 출근을 도와주게 되었는데 당황한 남편을 내가 닦달하고 있었다. 저번 주에도 시동이 안 걸리다가 걸렸다는 말을 듣고 "미리 준비했어야지. 준비성이 없네" 하며 나는 곱지 않게 말했다. 그때는 두어 번 만에 바로 걸렸다는 대답을 듣고 "그러게 결국 이런 일이 일어났네. 급한 일 있었으면 어쩔 뻔했어?" 하다가 멈췄다. 갑자기 나는 얼른 말투부터 바꿨다. "아이고, 큰일도 아닌데 얼굴 펴. 점심시간에도 내가 데리러 갈게. 내가 좀 왔다 갔다 하면 돼. 괜찮아, 괜찮아."

사소한 일인데도 습관적으로 잘못을 추궁해서 남편을 위축되게 하는 나를 발견해서 돌아오며 속이 답답했다. 그래도 알아차린 나를 쓰담쓰담 위로했다. 지금 삶에서 가장 가깝게 서로를 도와주며 살아가는 처지인데, 되도록 격려하며 살아도 아까운 나이인데 습관적으로 '바보, 멍청이, 못생겼어'를 주고받으면서 산다. "아이

고, 우리 잘생긴 남편, 다정한 남편, 늘 도와줘서 고마운 남편"이라
고 가만히 불러 본다.

자애 기도를 한다는 것이 처음에는 내게 자애심같이 좋은 마음
이 있다고 생각해 보지 않아서 어색했다. 그러나 두 번, 세 번 수업에
참여하다가 드디어 대상이 아기여도 좋고 강아지여도 좋고 화분에
키운 꽃이어도 좋다는 말이 들렸다. 들으려고 해야지만 들리지,
듣지 않으면 안 들리는 게 참 신통한 노릇이다.

아기였던 딸을 대상으로 정하고 자애 기도에 들어갔더니 이건
쉬웠다. 그 작고 맑은 아이를 떠올리며 "네가 행복하기를" "네가
건강하기" 이런 기도를 진정으로 못할 이유가 없었다. 그다음에
는 건너가는 다리처럼 "우리가 행복하기를" "우리가 건강하기"를
우리를 연결하는 다리를 건너온 다음에는 드디어 나를 위한 자애였
다. 앞에서 너를 위해 했으니 거리낌 없이 나를 위해서 기도하는
것이 쉬웠다.

나처럼 자기 비난과 자기혐오가 심한 사람은 자신의 마음에
자애심이 있을 리 없다고 생각하기 때문에 어색하게 느껴진다.
그러나 내가 편견 없이 좋아할 수 있는 대상을 떠올린다면 가능하다
는 걸 배웠다. 누구나 좋아하는 건 있기 때문이다. 딸이랑 함께
있으면서 힘들어질 때도 내 마음을 부드럽게 만들기 위해서 자애
문구를 외울 수 있었다. 딸의 요구를 다 들어주는 게 힘든 일이어서

극적인 전환이 있었던 것은 아니지만 그 힘든 느낌에만 사로잡히는 걸 막을 수 있어서 돌아서서 다시 친절을 베풀 수 있게 해 주는 효과가 있었다.

멀리 떨어져 있을 때도 엄마의 자애 기도가 도달할 것이 믿어졌다. 거룩한 심정이 아니어도 자애의 씨앗에 물을 줘서 커 가길 기다리는 거라 이해하니, 어색하지 않았다. 씨앗이 심겨져 있었다는 걸 확인했으니 물만 주면 자라게 되어 있다.

나에게 꼭 필요한 자애 문구는 나에게 필요한 것, 내가 듣기 원하는 말을 생각해서 찾아가는 작업이었는데 내가 얼마만큼 나의 욕구에 솔직할 수 있는가를 묻고 있었다. 나를 나쁜 사람이라고 규정하면서도 이면에 좋은 사람이라는 말을 듣고 싶은 소망이 있다는 걸 깨달으니, 내가 좋은 사람이라는 걸 내가 먼저 믿어야 한다는 걸 깨닫게 되었다.

그래서 "내가 내면의 근원적 선함과 연결되기를"이라고 말해 보니 만족스럽고 딱 맞는 답을 찾은 느낌이었다. 이전에는 위선적으로 들리던 말들이 내 속에서 살아나고 있어서 신기하다.

실수와 수치심을 가혹하게 대하면 더 움츠러들어서 잘할 수가 없지만 친절하게 대해 주면 다시 시도해 볼 용기가 생긴다는 것을 알아가고 있다.

불편한 기분일 때도 쉽게 나를 위해 기도할 수 있는 문구가 있어서 안정감이 든다. 너를 위해 자애해도 결국 자애심은 내 안에서 커진다는 걸 알겠다. 너를 위해 자애하면서 어느새 내 마음에 자애심이 자리 잡는 것이다.

너와 내가 안전하기를,
너와 내가 건강하기를,
너와 내가 평화롭기를….

연어알을 낳는 처녀

● ● ●

다슬기가 세숫대야만 한 그릇에 가득 들어 있다. 그것을 영양분으로 사용하여 잘 준비된 처녀가 연어알을 산더미만큼 낳는다. 그런데 이 연어알을 한 달 동안 날마다 낳을 거라고 한다. 그 길을 지나서 언덕이 보이고 동굴이 보이는데 그곳에 또 다슬기 그릇이 있고, 여기서도 잘 준비된 여자가 연어알을 낳을 거라고 한다. 너무 어마어마한 일이어서 놀라워한다.

(2022년 2월 1일)

특별하게 느껴지는 꿈이고 엄청난 에너지도 느껴지는데 잘 모르겠다 싶은 생각이었다. 다슬기는 나한테 필요한 건강식품으로 엑기스로 된 걸 먹었던 기억이 난다. 주역을 하는 분이 나한테 물에 사는 다슬기나 고동 같은 껍데기가 딱딱한 것들을 먹어야 한다고 했었다. 사주에 물이 부족하기 때문이라고 했는데 아마 내게 필요한 에너지원이 잘 구성되어 있다는 뜻인 것 같았다.

연어알을 낳는다는 것은 뭔가 창조적이고 새로운 것들이 생긴다는 말인가? 연어는 알을 낳을 때가 되면 태어났던 곳으로 강물을 거슬러서 돌아간다. 내가 본래의 참 나로 돌아가기 위해 많이 노력하게 된다는 말일까, 돌아가는 기회가 연어알만큼 주어진다는 것일까, 연어알만큼 많은 성과가 생긴다는 말일까?

물고기는 풍부한 정신적 생명력을 암시한다. 따라서 물고기의 알은 재생과 재탄생의 상징일 수 있다. 언젠가 김정택 신부님이 그 안에는 연금술에서의 원석(prima materia)처럼 보화가 감추어져 있어서 놀라운 것이 탄생할 수 있다고 말씀하셨다.

사람이 진정한 참 나의 고향으로 돌아가야 하는 것처럼 연어도 알을 낳기 위해 고향으로 돌아가야 한다. 사람과 연어는 자신이 태어난 곳에 돌아가 다시 태어나야 하는 것이 공통 목표이다. 고향으로 가는 여정은 쉽지 않아서 에고의 죽음을 지나가야만 한다. 원래의 집으로 돌아간다는 것은 지금 여기에서, 있는 그대로의 근본적 수용이 일어날 때이다. 연어가 넓은 바다에서 강의 기억을 잃지 않았듯이 우리에게도 새겨져 있는 참 나의 기억과 지도가 있다. 집으로 돌아왔을 때라야 우리의 진정한 삶이 시작된다.

산다는 것에 대하여 쉽게 좀 아는 척만 하고 말려고 했는데 연어의 본능처럼 본래의 자리로 가야 한다는 이야기를 강력하게 하는 것 같다. 에고의 죽음을 통과하고 또 통과해서 본성으로 돌아가기를 바라는 마음이 연어알만큼 엄청나다는 뜻일까?

새해가 시작되는 설날 꾼 꿈이어서 뭔가 더 새겨들어야 한다는 생각이 든다. 한 달을 날마다 알을 낳는다는 게 엄청난 정신 에너지로 느껴지는 꿈이었다.

붓다의 가르침인 인간 존재의 원리 중 첫 번째 무상의 의미는 세상 모든 것은 흘러간다는 것이다. 헛되다는 의미 이전에 세상 만물은 늘 변화하고 있어서 살아 움직이는 것이든 죽은 것처럼 보이는 것이든 매 순간 쉬지 않고 변화한다는 것이다.

두 번째로 무아(無我)는 세상 만물과 같이 인간도 무상하다는 것이다. 우리 몸의 세포도 쉬지 않고 변화하고 생각이나 감정도 끊임없이 생겼다가 사라짐을 반복한다. 그래서 무아를 내가 없어진다거나 내 성격을 없앤다고 해석하는 것은 잘못 이해하는 것이라고 한다.

세 번째는 고통과 불만이다. 우리가 괴로운 까닭은 인간은 누구나 병들고 죽게 되어 있는 무상과 무아에 저항하기 때문이라고 한다.

붓다는 우리가 고통스러운 이유가 근본적으로 악하거나 벌을 받아 마땅한 죄를 지었기 때문이 아니라고 말한다. 나는 내가 원래 악하고 벌을 받아 마땅하다고 생각했다. 그렇게 내가 나쁘다는 생각에 대한 집착을 내려놓지 못해서 이 나이 먹도록 아무리 좋은 말을 듣고 좋은 책을 읽어도 소용이 없었다.

이제야 나는 죄를 지었다고 생각했던 나를 연민하고 위로한다. 그것은 세상이 공언한 진실이 아닌 내가 만든 생각이었고 흘려보내지 않은 집착이었다.

깨닫지 못한 인간의 삶이란 난파선에 타고서 흔들리지 않기를 바라는 것과 같다고 한다. 그저 흔들리는 물결에 몸을 맡길 수밖에 없는데 흔들리지 않으려고 고군분투를 하는 것이다. 그렇게 우리 모두의 삶이 난파선처럼 흔들리는데 또 나 혼자만 안전하기를 바라는 것이 인간의 어리석음이고 괴로움의 원인이라고 한다. 나 혼자만 엄청나게 어리석다고 생각했는데 사람은 모두 다 그렇다니 한결 마음이 놓인다.

Part 4

연민 목소리 발견하기

우리 자신의 인간적인 불완전함에 직면할
때 우리는 친절과 돌봄 또는 판단과 비판
으로 반응할 수 있다. 중요한 것은 우리가
자신 안에 있는 어떤 마음을 지지하고 싶
어하는가의 문제다.

집으로 돌아가는 열쇠

• • •

집으로 돌아가기 위해 찾던 열쇠가 내 가방 속에 있는 걸 발견해서
기뻐하며 길에 나와 서 있다. 맞은편 길에 반대 방향으로 가는 차를
기다리는 친구가 보인다.
(2022년 5월 14일)

내가 리더로 집단 수업을 하는 중인데 수진이가 구석진 곳에서 서너
명의 참여자에게 따로 조각 세우기를 가르치고 있다. 나는 그러면 안
된다고 말했고, 수진이의 행동이 몹시 당혹스럽다.
(2022년 8월 12일)

방에 놔둔 내 가방에서 마음의 문을 여는 열쇠를 찾았다. 열쇠를 발견해서 다행이지만 반대 방향으로 가는 친구의 모습이 나와 함께하지 않는 것 같아서 서운하다. 외국에 갔다가 젊은 여자의 방에 두고 온 열쇠를 찾으러 길을 돌아가던 이전 꿈과 연결되어 내 가방에서 열쇠를 찾은 게 기쁘다.

마음의 문을 여는 열쇠는 모두 다를 것이고 혼자 가야만 하는 길이기 때문에 친구와 반대 방향으로 각자 가는 것이 당연한 일이겠다는 생각도 하게 된다.

내가 하는 집단 수업에 참석해 놓고, 구석에서 몰래 몇 명에게 다른 것을 가르쳐 주는 내 부분도 있다. 여전히 내 안에 나와 힘을 합치지 않는 내가 있다.

작년에 꿈 작업을 하며 '나를 배신하는 나'에 대해 통절하게 깨우치는 기회가 있었지만, 여전히 나는 나를 온전하게 수용하지 못했다. 최근에는 아버지가 "쟤는 지가 버림을 받았다고 말하고 다닌다"고 말하는 꿈도 꾸었다. 버림받았다는 피해의식은 당연하게 버리는 사람이 되고, 반대로 버림을 받는 현실을 펼친다.

여전히 내가 수용할 수 없는 나의 그림자 부분을 알아보라고 꿈은 말하고 있다. 나의 있는 그대로의 모습을 받아들이지 못하게 하는 것은 무엇일까.

비난하는 마음부터 보살펴 주고 연민하기 시작한다면 자신을 보호하려 했던 마음을 만날 수 있고 생존과 안전이라는 기본적인 욕구에 닿을 것이다. 생존 욕구를 보살펴 주면 지금 필요한 욕구로 자연스럽게 전환이 될 수 있을 것 같다.

두려움은 뇌의 편도체를 과열시킴으로 코르티솔을 분비하여 더욱 불안하게 하고, 연민의 마음은 옥시토신을 증진시켜 자신감과 안정감을 키워준다는 연구도 있다. 자기연민이 필요한 이유에 대한 구체적인 증거이기도 하다.

일주일에 두세 번씩 필라테스를 다닌 지 3년이 되었다. 워낙 운동하는 걸 힘들어해서 무지하게 결석하다가 이제 겨우 잘 다니는 중이다. 동작 중간에 엎드려서 머리부터 몸을 내려놓고 쉬는 짧은 순간이었는데 '별로 힘들여서 운동한 것도 아니면서 헐떡거리냐' 며 나를 비난하는 마음의 소리가 갑자기 들렸다.

세상에나 건강을 위해서 안 빼먹으려 애쓰며 다니는 운동이었는데 그 통에 나를 비난하는 내가 있었다. 다음에는 다리를 뻗는 동작이었는데 왼쪽 무릎이 아파서 잘 안 펴지자 무릎을 향해 '으이구, 제대로 하는 게 없네' 하며 비난하는 소리가 다시 들렸다. 이제껏 내 몸에 이렇게 하나하나 챙겨서 욕을 하고 있었다는 게 선명하게 느껴졌다.

'계속 불편한 몸을 욕하면서 이제까지 운동을 하고 있었던 거야? 이래도 운동 효과는 있는 거야?' 정말 운동하는 내 몸에도 끝없이 비난하는 내가 기막히고 안타까웠다. 다음 동작부터는 의식적으로 나에게 하는 말을 바꿨다. '애쓰는구나, 아픈데도 그만큼은 하네, 그래 고생한다.' 그동안 욕먹으며 운동한 내 몸은 얼마나 힘 빠졌을까? 아파도 애써 따라 하는데 빈정거리는 소리를 들으며 내 무릎은 얼마나 신경질 났을까? 오늘 내 안에서 재잘대는 비난의 소리를 들을 수 있어서 너무 다행이었다. 즉시 몸을 향해 애쓴다며 지지의 말로 바꿀 수 있어서 또 기뻤다.

자기연민은 과거의 내가 그렇게 할 수밖에 없었던 자신을 용서하고 허용하는 일이다. 나에 대하여 용서가 일어나야 내 안에 상처의 기억이 만드는 고통의 감정에서 벗어날 수 있으며 마음을 열 수 있다. 내가 나를 용서하지 않으면 상처받은 자리에서 두려움과 비난으로 얼어붙은 채 앞으로 나가지 못한다.

나를 위해 하나, 너를 위해 하나

...

〈위쳐〉라는 넷플릭스 영화에 여왕이 딸의 배우자가 될 기사를 부정하는 장면이 나온다. 여왕이 기사를 죽이려던 찰라 딸의 숨겨져 있던 마법이 발휘되는 장면이 이어진다. 기사는 저주에 걸려서 흉측한 고슴도치 모양을 하고 있어서 왕비는 사위로 받아들일 수 없다며 분노한다. 거대한 서사의 작은 시작 장면에서 책임감으로 똘똘 뭉친 여왕의 독재적인 모습이 책임을 빙자한 나의 고집스럽고 독단적인 태도를 떠오르게 했다. 주인공 위쳐가 딸이 선택한 배우자는 본 모습이 아니고 저주에 걸린 것이라 죽이면 안 된다고 간청하지만, 여왕은 듣지 않는다.

나는 소희가 선택한 배우자가 현실에서 보여 주는 돈, 권력, 명성 중에서 아무것도 갖지 않았기 때문에 그것을 갖지 않으면 행복할 수 없다는 논리로 사위로 받아들이지 못했다. 나의 숙제가 소희의 결혼을 받아들이고 인정해야 된다는 것임을 더욱 분명하게 알 것 같았다. 나는 괴물에게 딸을 뺏긴 것처럼 느끼고 딸이 나에게 돌아오기를 바란 것이다. 영화에서처럼 겉의 모습은 진짜가 아니고 저주에 걸린 잠깐의 모습이다. 딸이 사랑한 남자는 사실 다른 나라를 다스리는 왕이고 용감한 기사이다. 이 세상의 삶이 전부가 아니라고, 우리 망상의 하나일 뿐이라고 누누이 말하고 있다. 보이는 것이 전부가 아니다. 딸이 원하는 인연이고 딸의 삶이다. 내가 맘대로 하고 싶은 것은 두 사람의 인연과 사랑까지 부정하는 것이다.

자기연민 프로그램의 저자인 크리스틴 네프는 "자기 자애를 느끼기 위해 특별할 필요는 없다. 그저 여느 인간들처럼 엉망진창이면 된다"는 말을 했다.

나는 완전함이라는 불가능한 목적지를 상상했고, 그 목적지에 도달할 수 없다는 한계 때문에 부족한 자신을 비난하고 부끄러워했다. 거기에 딸까지 내가 고집하는 세상의 완전함으로 끌어가기 위해 비난했다.

자기연민 수업 초기에도 가장 쉽게 받아들여졌던 명상은 '연민

주고받기 명상'이었다. 천천히 들숨에 집중하며 나 자신을 위해 친절과 연민을 들여 마시고, 다음에는 날숨에 집중하며 고통으로 인해 연민이 필요한 대상을 떠올려 연민과 친절이 흘러가도록 하는 명상이었다.

자연스러운 호흡 속에서 나를 위해 하나, 너를 위해 하나는 그래도 할 수 있었다. 나에게 연민이 더 필요하다고 느껴지는 순간이라면 더 많이 나를 위한 연민을 들이쉬고, 상대를 위한 연민이 올라온다면 날숨에 더 많이 집중하면 되어서 편하고 즐거운 명상이었다. 물론 나는 딸을 위해서 딸을 생각하며 날숨에 집중하는 호흡을 했다. 엄마를 잘못 만나서 자신의 삶을 놓쳐 버린 딸에게 미안했다. 그러나 그렇게 작은 세상에 집착했던 나를 위해서도 친절한 들숨에 집중하는 호흡을 기꺼이 했다. 치유가 일어나면 슬픔도 사라진다. 우리가 그저 연민을 자각하며 호흡을 한다면 그곳에서 치유가 일어난다.

중학교 3학년 혜진이는 부모의 잦은 싸움으로 학교생활이 어려울 만큼 신경성 위염이 심했다. 학교 상담소에서 만나게 된 가엾은 그 아이가 과거의 나를 보는 거 같았다. 나도 신경성 위염을 앓았었다. 의사가 신경성이라고 진단하는 걸 나는 이해하지 못했다. '나는 진짜 아픈데 신경성이라는 건 무슨 말이지?' 그때 누워 있는 나에게 들깨죽을 끓여다 줬던 사람은 옆집 아주머니였다. 그 부드럽고 고소한 죽을 잊을 수가 없어서 어른이 되어서 기억을 더듬어 들깨죽을 만들어 보기도 했었다.

나는 혜진이에게 연민 수업에서 배운 말을 진심으로 해 주었다.

"나는 너에게 마음이 쓰여, 네가 변화하는 것을 돕고 싶어."
"나는 계속해서 네가 스스로 상처받는 것을 원하지 않아. 내가 너를 지지할게. 나와 힘든 걸 나누면 좋겠어."

혜진을 위해서 그리고 지금의 나를 위해서 또 우리 딸을 위해서 너무나 여전히 필요한 말이었다.

6회기쯤 되어 만났을 때 담임 선생님으로부터 혜진이가 많이 밝아졌다는 말을 들었다. 말을 잘 하지 않던 혜진이는 떠오르는 대로 여러 장의 그림을 그린 후 그림을 보며 상상의 글을 써서 동화로 만드는 재능이 있었다. 그렇게 자신이 하고 싶은 말들을 그림과 글로 계속 표현한다면 아이의 세계는 크고 아름다워질 것이라고 말해 주었다.

구름이 된 강아지

• • •

　우리 강아지가 작년 10월 29일에 죽었다. 나는 다른 사람들에게 숨기려고 말을 안 하고 있었는데, 갑자기 오른팔이 잘 움직여지지 않고 아프기 시작했다. 그때 내게 무슨 일이 있었냐고 질문을 받으면서 나는 그만 울음이 터져 버렸다. 강아지가 죽은 걸 아무도 모르게 하고 싶었다. 외출하고 들어 온 내가 급하게 준 밥을 먹고 생긴 일이어서 마치 내가 죽인 것 같아 말하기가 어려웠다. 강아지가 뭔가 힘들어하는 것 같았는데 지켜보지 않고 나는 다른 일을 했고, 나와 보니 이미 강아지는 숨을 쉬지 않았다. 그 순간을 생각하면 지금도 너무 슬프고 괴롭다. 죽는 것을 보지도 못했다. 강아지는 내가 있던 방 쪽을 향해 머리를 두고 엎드려 있었다. 아들이 전화해서 우는 나한테 그럼 죽는 걸 보는 게 좋았겠냐고 해서 그건 더 괴롭고 상처가 되겠다 싶긴 했다. 화장장에 보듬고 가면서도 아직 살아있을 것 같아서 몇 번이나 들여다보며 갔다. 화장이 끝났을 때도 살릴 수 있었는데 너무 빨리 화장해 버렸나 괴로웠다. '잠깐 숨이 막혔던 건 아니었을까?' '하루 지나서 숨을 몰아쉬며 일어날 거 아니었을까?'

"우리 팔랑이가 작년 가을 끝자락에 죽었어요. 어렸을 때 어찌나 귀를 팔랑이며 뛰어다니는지 아예 이름을 팔랑이라고 지었어요. 작년 봄 매화꽃 필 때는 대학병원에서 종양 제거 수술을 받았어요. 큰 수술을 하고 회복해서 여름과 가을을 지내고 있었거든요. 퇴원 한 날 하얀 붕대를 칭칭 감은 몸으로 거실 창밖을 무심히 바라보던 모습이 생각나요. 입원해 있으면서 얼마나 무섭고 아팠겠어요. 집으로 돌아온 것이 안심되고 그랬나 봐요. 가을 들어 아무 데나 똥오줌을 싸서 속을 썩였는데 '싸도 좋으니 오래 살아' 했는데 죽었어요.

그런데 며칠 후에 팔랑이랑 다니던 산책길을 걷고 있는데 하늘에 팔랑이가 구름으로 엎드려 있는 게 보였어요. 산책 나올 줄 알고 나를 기다렸구나. 길 끝에서 돌아서며 다시 보니 어리고 예쁘던 모습으로 변해서 앉아 있었어요. 그 모습을 보고 놀라서 말을 못 하고 있는데 동생이

'팔랑이다' 그랬어요. 다른 사람 눈에도 보이는구나 내가 헛것을 보는 게 아니구나. 진짜구나 싶었어요. 하늘나라에 잘 있다고 알려주러 왔구나. 그제야 안심이 많이 되어서 조금 덜 슬펐어요. 죄책감도 조금 덜해졌어요.

며칠 지나 꿈에서 팔랑이가 또 구름으로 선명하게 나타났어요. 너무 이쁜 건강할 때 모습으로 나를 보고 있었어요. '진짜 팔랑이랑 똑같네. 어쩜 저렇게 똑같지?' 반가웠어요. 슬픔이 조금 더 가셨어요. '서툴렀던 주인을 원망하지 않고 위로하러 나타났구나. 잘 갔구나.'

강아지는 죽으면 이제 사람으로 태어난대요. 좋은 데 태어나서 잘살라고 기도해야 된대요. 나는 하늘을 보고 구름을 보며 생각해요. 우리 팔랑이 어디에서 이쁜 아기로 태어나서 살고 있을까 상상해요."

내가 집에 늦게 들어오지 않았더라면, 잘 보살폈더라면 나쁜 일이 일어나지 않았을 것이란 생각은 통제가 가능하다는 환상으로 일어나는 자기 비난이다. 그러나 자기 비난이 나를 안전하게 지키려는 욕구였다는 걸 이해한다는 게 중요하다. 부끄럽게 느껴지는 정서로부터 나를 보호하기 위한 그 방법은 비생산적이었지만 그 당시에는 나를 돕고자 한 일이었다는 것이다. 6개월이 지나 병원을 바꾸면서 의사가 내게 놓아 준 주사 한 대로 아프던 팔은 극적으로 나았다.

그 후 일 년이 지나 이사한 집 마당에서도 지붕 위에 구름이 강아지 모양으로 앉아 있는 걸 또 보았다. '이사하는 거예요?' 하며 우리 강아지도 따라와서 앉아 있었다. '나는 잘 있어요. 할머니, 새로운 집에서 잘 사세요.' 강아지의 엄마가 딸이어서 나는 강아지의 할머니였다. 나랑 14년을 살다 무지개 나라로 갔다.

　　수치심 다루기를 하다가 내가 약함이 드러나는 상황에서 약함을 부인하며 강한 나로 휘리릭 바꾸는 순간이 있음을 알아차렸다. 약한 모습 앞에서 멈추고 알아차리는 과정이 없어서 그 순간의 내가 없어지는 걸 알아차렸다.

　　사랑받고 싶고 연결되고 싶은 욕구의 좌절이 수치심을 불러일으킨다면, 사랑과 연결을 원하는 마음이 순수한 감정이듯 역설적으로 수치심도 순수한 감정이며 보편타당한 감정이라는 말에 마음이 따뜻해졌다.

　　작은 부딪힘에 감정이 일렁이는 마음을 보며 '내가 필요한 것이 뭐지?' '내가 듣고 싶은 말이 뭐지?' '상대방이 무슨 말을 해 주기를 원하지?' 거듭거듭 물었더니 놀랍게도 인정 욕구가 튀어나오더란 말을 스님께서 해 주셨다. 그래서 알겠다며 지지해 주면서 자신을 연민해 주었다고 이야기를 하셨다. 스님도 그러시는데 내가 나의 숨겨진 욕구에 부끄럽고 놀라는 건 당연하다며 나를 쓰담쓰담 위로해 줄 수 있었다.

내면의 비난이 내 안전을 바라서 생긴 것처럼 내면의 연민 어린 자아도 우리가 안전하기를 원한다는 걸 기억해야 한다.

Part 5

깊이 있게 살기

우리가 우리의 진실된 감정과 욕구를 향해
기꺼이 그것을 경험하려는 용기를 가질 때
진실로 우리 자신에게 무엇이 일어나고 있
는지에 대한 통찰을 얻을 수 있다.

희망의 빛

•••

아기가 똥을 싸서 내가 그것을 치우고 앞으로 하는 아기 띠를 사용하
여 아이를 품에 안고 길을 간다. 그런데 아기가 띠에서 미끄러져 빠진
줄 모르다가 큰 트럭이 지나가는 걸 보고 아기를 길에서 놓쳤다는 걸
그제야 알고 놀라서 돌아간다. 길가에 가게 아저씨가 아기를 보듬고
있으면서 어린아이를 버렸다고 욕하고 있다. 나는 아기를 버린 게 아
니고 몰랐다며 아기를 챙겨서 데리고 온다.

(2022년 2월 8일)

오래전부터 반복적으로 꾸는 꿈 중 하나로 아이를 잃어버리는 내용인데 이번에는 바로 돌아가서 아기를 되찾아오는 꿈이다.

2월 11일 금요일, 3년 만에 소희가 아일랜드에서 돌아왔다. 마음과 몸이 지치고 아파서 병원에 가기 위해서 왔다. 그것도 오기 싫다는 걸 달래고 협박까지 해서 오게 했다. 나는 딸이 전문가 진료를 받으려면 3개월이 걸린다는 그쪽 의료체계에 아픈 아이를 맡길 수 없고, 영어로 소통하는 게 원만한 치료를 위해 결코 쉽지 않을 것 같았다. 같은 언어로 이야기해도 이해하기 어려운 마음의 힘듦을 과연 그쪽 의사들이 알아줄까? 하는 나의 의구심과 치료 과정을 직접 보겠다는 마음이 아이를 오게 했다.

아들이 귀국하는 소희를 위해 인천 공항까지 나가서 태워다가 대전을 지나 추부까지 데려다 주었다. 내가 운전하고 추부로 가서 소희를 만나 내 차에 옮겨 태웠다.

나는 소희가 안심하고 잘 지내기를 바라는 마음으로 "아무것도 안 해도 되고 언제든지 집에 오고 싶으면 와" 그렇게 말했다. 유학 생활부터 아일랜드를 드나든 지 10년이 된 딸에게 그렇게 말해 본 적이 없었다. 나는 늘 못마땅해하며 아이를 대했다. 아이가 그저 방황하는 것만 같았고, 국제적으로 오가는 것도 불안하고, 돈도 아깝고 싫었다. 내 말이 어떻게 들리냐고 물었더니 안심이 된다고 해서 "그래, 그러면 돼"라고 했다.

내 머리가 너무 길어서 꼼짝 못 한다. 머리를 자르고 준비가 다 되었는데도 창가 벽에 붙어서 움직이기 어려워한다.

(2021년 8월 23일)

소희의 머리가 숱도 많은데 너무 길어서 감은 머리를 드라이로 말려 주며 자르자고 했다. 코로나 검사 후 의무적으로 일주일 자가 격리를 해야 해서 미용실에 갈 수 없고, 일단 집에서 자르고 격리가 풀리면 미용실에 가서 다시 다듬기로 했다. 보자기를 찾아다 목에 두르고 잘 드는 가위가 없어서 썰 듯이 잘랐다. 나와 소희의 머리를 무겁게 하고 있던 생각들을 잘라 내버린 것 같아서 속이 시원했다.

이전에 미술치료 작업으로 처음 자화상을 그리게 되었을 때 긴 머리카락을 한 올 한 올 그렸던 생각이 났다. 미술치료에서는 색칠이 강조되어 보이는 부분을 그린 사람의 에너지가 집중된 표현으로 보기도 한다. 그때 나는 앉은 모습을 그렸는데 머리에만 정성을 쏟은 그림을 선생님이 보시고, 내가 행동하기 어려워하면서 생각이 많은 사람이고 자기애가 강한 태도를 엿볼 수 있다고 말한 것 같다.

30년 전의 그 머리가 이제야 잘린 거 같아서 마음이 개운해졌다. 실제 생활에서도 편견과 판단의 생각들이 잘려 나가는 시간이 오기를 기대해 보았다. 머리를 자를 준비가 되었던 작년 여름 꿈이 올해 봄이 되어 소희의 머리를 자르는 실제의 일로 드러난 것도 신기했다. 딸이 나에게 머리를 잘라도 된다고 맡길 줄은 상상도 못 했던 일이었다.

나는 3년 만에 만난 아이의 머리를 쓰다듬으며 위로하는 마음을 전하고 싶었다. 하지만 뜬금없이 쓰다듬을 수는 없었는데 행운처럼 딸이 머리를 감고 내 앞에 앉았다. 소희의 머리숱이 많아 잘 마르게 도와주려다가 생긴 뜻밖의 기회였다. 그래도 머리를 자르는 건 예상도 못 한 일이었다.

꿈과 현실에서 잘라낸 머리는 나라고 믿는 자아의식을 지키기 위해서 갖게 되는 여러 가지 번뇌일 것이다. 현실에서 머리를 잘라냄으로 이제 과거 나의 그림과 꿈이 보여 준 문제는 아무런 의미가 없고 아무것도 상징하지 않을 것이다.

황금빛 공구

•••

남자 두 명과 함께 있다. 한 남자가 결혼을 해야 하는데 그가 활발한
나를 좋아한다. 그러나 나는 결혼할 계획이 없어서 나와 반대되는 성
격의 여자를 소개해서 결혼하게 한다. 고맙다며 선물을 주는데 공구함
이다. 가장자리 한쪽 부분이 황금빛으로 빛나는 4, 5개의 공구가 들어
있다.

바다 위에 요새가 세워져 있고 바닷속을 넘나들며 싸워야 한다. 어떤
사람이 잘 싸울 수 있는 도구를 또 쥐서 받아 들고, 나무로 만들어진
요새의 계단을 올라간다. 옆방에 나의 적인 여자가 있다.

(2022년 4월 12일)

공구가 뭘 의미하는 걸까 궁금하고, 바다 위에 세워진 요새와 바로 옆방에 적이 사는 것도 재미있는 꿈이다. 거기에 선물 받은 공구함과 금빛 나는 도구도 좋은 의미 같았다. 도구니까 사용해서 무슨 일이든지 잘 처리되는 기대가 생겼다. 그것도 바닷속 무의식까지 넘나들며 싸우는 일이다.

적은 나의 반쪽일 것이다. 자기 비난이 정체성이며 전부가 되어 살아오다가 비난하던 나와 화해하는 중이니 옆방에 있다는 건 이미 적이 아닐 수 있다. 활발한 나도 결혼을 했어야 적이 없는 걸까. 나랑 반대되는 성격은 착하고 얌전하고 요리도 잘하는 여자인데 결혼을 했다는 건 통합의 의미로 볼 수 있다. 나쁜 나만 결혼도 안 하고 남아서 싸우는가. 남자도 두 명인데 한 남자는 나를 기다릴 것인가?

궁금해하다가 재밌게도 공구함의 비유가 쓰인 책에서 이런 구절을 발견했다. 질문과 답이 함께 주어지는 것이 늘 신기하다. 이런 일은 당연해지지 않고 늘 놀랍다.

콤플렉스는 병이 아니다. 그러나 한쪽으로 치우친 콤플렉스는 고쳐야 할 게 있을 때마다 공구함에서 꼭 망치만 꺼내어 사용하는 것과 같다. 때로는 스크루 드라이버가 더 유용할 수도 있는데 말이다. 콤플렉스는 심란한 꿈, 감정의 폭발, 기분 변화, 온갖 자기 제한적 행위로 존재감을 드러낸다. 콤플렉스 치료의 목표는 패턴화된 사고와 행위의 제거가 아닌 완화다. 비좁게 갇힌 의식을 풀어 주어 우리에게 선택의 자유를 더 주는 것이며, 조금 더 만족스러운 삶에 꼭 필요하지만 잃어버린 자원에 대한 접근성을 되찾는 것이다.

_『내 그림자에게 말 걸기』, 로버트 존슨·제리 룰

편협하고 한 쪽으로 집착하던 의식이 넓어지는 꿈 같다. 올해는 거의 쌍둥이 신화처럼 반대 쌍이 나타나는 꿈이다. 내가 활발한 사람이니까 반대로 착하고 얌전한 여자를 결혼하게 한 것은 좋은 여성성을 받아들였다는 뜻인가? 내가 평소에 좋게 생각하는 여성은 상냥하고 부드럽고 요리를 잘하는 여자이다. 그 모습은 나와 완전 반대 모습이라고 생각한다. 나는 덜렁거리고 급하고 청소와 요리를 잘 못한다. 그런 나는 아직 결혼할 수가 없다.

그러나 요새가 바다에 지어져 있는 것은 무의식의 깊이까지 넘나들 준비가 된 것을 보여 준다. 적과 싸우기 위해서 적절한 공구들과 특별한 도구까지 있다. 따로 받은 공구는 콤플렉스를 다루는 새로운 방법으로 연민과 친절함이라는 새로운 도구를 받았다는 의미일 것 같다.

이제까지 해 왔던 여러 가지 공부 방법들이 그때그때 다 필요했고 유용했지만, 새롭게 만난 자기연민 명상은 삶에서 갖게 되는 고통을 다독이며 너만 그런 게 아니라고, 우리 모두가 똑같다고 친절하게 대해 주기 때문에 안심이 된다. 고통이 헛된 망상이라고 아무리 들어도 어려웠는데 잘 살아남고 싶던 자신을 위한 보호와 방어였다는 것으로 이해하게 되니 용서가 가능해졌다. 나를 미워하지 않아도 되니 안심이 되었고 선함과 연결되기를 바라는 자기 확신이 생겼다.

어쩌면 2층 요새는 지금 글을 쓰고 있는 이층집 같다. 나는 지금, 계획에 없었던 이층 방에서 글을 쓰며 공부 중이기 때문이다. 그렇다면 공구가 기존에 참고도서로 갖고 있던 네다섯 권의 책과 새로 구입한 책 한 권을 의미할 수도 있겠다. 지금 글을 쓰면서 중요한 도구는 앞선 분들의 훌륭한 경험과 비전으로 작업해 놓은 책들이기 때문이다. 어쩌면 바닷속에서부터 솟아난 이층 요새는 황금빛 도구를 사용하며 머무는 나의 사원이라 불러도 되겠다.

책을 다 쓰고 나면 결혼이라는 통합이 일어날 것 같다. 활발함이라는 단어 속에 숨은 '나쁜'과 '이기적인'과 화해한다면 결혼이 가능할 것 같다. 신성한 결혼은 자아(ego)와 자기(Self)의 결혼을 말한다. 신성한 결혼을 통해서 여성은 자신의 진짜 본래의 모습과 만난다. 본래의 모습은 자애와 연민의 모습일 것이다.

자전거와 솜사탕

• • •

자전거를 타고 목적지를 향해 논길을 가다가 갈림길에서 앞선 두 사람 뒤를 따라간다. 시내가 나오고 이전에도 다닌 익숙한 길로 가는데 마주친 중년 남자 두 명이 택시를 불러 목적지를 말하고 자전거를 싣고 가라고 말한다. 길가에 선 택시가 보인다. '그러면 되겠네.' 호떡을 만드는 포장마차에서 솜사탕 큰 것을 얻어서 들고 사진을 찍어달라고 한다. 그런데 솜사탕이 조금씩 찌그러지며 작아진다.

(2022년 9월 10일)

꿈에서 자전거를 타고 목적지로 출발한 것이 어린아이처럼 솜사탕을 얻어먹으려고 떠난 길은 아니었을 것이다. 내 자전거를 택시에 맡기고 속이 빈 달콤한 솜사탕을 자랑스럽게 안고 사진을 찍는 모습이 뭐지? 갸우뚱하는 중이었다. '혼자만의 길' '나의 길'을 선택하지 못하고 남의 뒤를 쉽게 따라가 버리는 모습이란 생각이 번쩍 들었다.

목적지는 자기 비난에서 자기연민으로, 저항에서 마음챙김으로 나를 돌보려는 것이었을 것이다. 그 길을 가기 위해서는 낯선 길을 새로 만들어야 하는 과정이 필요했다. 처음에는 조심스레 시작해서 땅이 다져지면 작은 산길이나 샛길처럼 새로 길이 만들어지는 것이다. 야심 차게 길을 떠났으나 두 갈래 길에서 두려워하며 앞선 사람을 따라갔더니 익숙한 도시가 나타난다. 결국 원래 살았던 곳, 익숙한 습관의 길로 들어서 버렸다는 의미이다.

도시의 매끈한 도로와 본 듯한 풍경은 이제까지 살아온 방식인 비난과 저항을 하며 그대로를 고수하며 살겠다는 것을 말한다. 새로운 것을 배우기 위해서나 변화하기 위해서는 자기 확신에 의한 꾸준함이 필요하다. 여기서도 무엇보다 자기 판단과 비난을 하지 말아야 한다. 우리 뇌가 새로운 정보를 주면 알아서 나아가고, 반복된 학습과 수행으로 원하는 결과로 바뀐다는 건 연구된 결과이다. 연민과 자애의 새로운 길을 가지 않고 슬그머니 사람들 뒤를 따라가다 길을 잃어버렸다.

금방 찌그러지는 솜사탕을 안고 있는 모습에서 자기연민은 기분이 좋아지려고 하는 게 아니라고 한 말이 생각난다. 솜사탕은 스스로를 속이는 기만이다. 쉽게 달콤한 것만 받아들이려고 하는 것은 수용이 아니다. 연민 수업에서 하려고 하는 것은 근본적 수용으로 자애와 만나는 수용이다. 자전거를 타고 가면서 충분히 경험하는 것이 필요한데 택시를 불러 쉽게 건너가려고 한다. 계속 수행하고 반복하여 내 마음의 길이 만들어지도록 해야 한다고 알려 주고 있다.

솜사탕을 안고 사진까지 찍는 모습이 아직 마음은 어린애라는 것을 보여 주고 있다. 부풀어 있는 솜사탕을 들고 자랑스러워하는 어린 마음이다. 내 모습이 아쉽기도 하지만 솜사탕과 어린애 같은 마음이 좀 귀엽기도 하다. 그나마 솜사탕으로 연민의 달콤함을 느꼈다는 거지, 사진으로 남기고 싶을 만큼 자랑스럽다는 거지. 수업이 끝나면 스님들이 좋아서 두 분 사이에 끼어서 함께 사진을 찍었던 생각이 난다. 두 분이 웃으며 같이 사진 찍어 주셔서 기쁘고 감사했었다. 공부를 막 끝낸 사진 속 내 얼굴은 그래도 초롱초롱했었다.

수행조차도 습관적으로 자신의 부족함을 채우려 하고 있는 걸 깨달았다는 수행자처럼 나도 웃으며 즐거워하는 페르조나를 강화시키는 솜사탕 같은 수행을 하려는 중이었나 보다. 창피하지만 알아차린 나를 칭찬해 주고 위로해 주겠다. 그렇게 알아차려 가면서 연민하며 나의 길을 만들어 가는 거야.

나의 길을 가는 과정은 소중하지만 고독하다. 꿈에서 길이 시작되었다면 그것은 나만의 길을 가기 위한 것이다.

철 지난 원피스를 입은 여신

...

택시를 타고 도착한 곳에서 짝을 지어 어딘가에 가기로 되어 있다.
커피숍에 들어가 커피를 마시고 화장실이 두 칸으로 나뉘어 있는데
안쪽은 주인이 못쓰게 한다.
(2022년 3월 28일)

3월 31일 11시, 한 달간의 입원 치료를 마무리하고 소희가
아일랜드로 가는 비행기를 탔다. 딸과 함께 있는 동안 내가 외면한
불안과 원망을 모두 짊어지고 살아 움직이는 모습이 딸임을 더

분명하게 알게 되었다. 이전 꿈에서 성스러운 산기슭으로 이미 접어든 소희를 보며 "소희가 내 그림자예요"라고 말하던 꿈을 이해 했다고 생각했는데 말로만 알았다는 걸 알았다. 내가 가면이며 껍질이고 소희가 나의 알맹이라는 걸 확실하게 알았다. 고민하고 힘든 모습을 보이는 건 실패자 같아 피해서 지나다니는 동안 그것을 전부 받아 껴안은 건 딸이었음을 알겠다.

짝을 지어서 둘이 함께 가야 하는 길이다. 그 길에서 아직은 안쪽 화장실을 쓸 수가 없다는 건 부정적이라고 판단한 그림자의 깊은 부분을 받아들이지 못하고 있다는 말이다. 아직도 꺼내놓지 못하는 내가 있다. 어려워하는 나를 위로한다. 그래도 괜찮아. 천천 히 해도 돼. 내가 네 옆에 있어 줄게. 두려워하지 마.

밝고 즐거운 것만 옳고 성공한 삶이라고 생각해서 그 이면에 어둠의 깊이를 가늠해 본 적이 없다. 늘 웃으며 훌쩍 건너뛰거나 못 본 척했다. 내가 외면한 좌절과 상처는 옆에 있던 민감한 어린 딸이 받아 안았다. 딸은 자기도 모르게 슬프고 알지 못하는 불안과 두려움에 시달렸다. 밖으로만 나가는 엄마를 기다리다 지쳐서 자 기 안으로 틀어박혔다. 소희는 오늘 또 햇빛이 잘 비치지 않는 추운 나라로 굳이 떠났다. 혼자서는 돌아올 수 없는 주술에 걸린 것처럼 춥고 습한 나라로 떠났다.

안 보이는 지하실에 떨어져서 들리지 않는 비명을 지르다 죽어가는 아이가 나오는 영화처럼 내가 찾지 못한 어두운 지하에 나의 딸은 갇혀 버린 것 같다. 보살펴 줘야 할 그 아이 앞에 한 번도 멈춰 선 적이 없구나. 내가 발 없는 귀신으로 떠다녔다는 걸 알게 되었지만, 오랫동안 뒤집어쓴 인두겁을 벗는 게 쉽지가 않다. 유달리 밝고 활발한 텐션을 유지하던 내가 문제였구나. 짝을 지어 함께 가야 도달하는 길이고 택시를 타고 쉽게 도달한 것이 문제일 수 있다. 쉽게 해치우려고 한 나에게 주인인 내가 말한다. "아직 안쪽 화장실을 쓸 준비가 안 되었어요. 더 준비하세요."

상담을 문자로 신청한 여성이 자기를 만나면 하지 말아야 할 말과 묻지 말았으면 하는 말을 적어 보내왔다. 당연히 어려운 상담이 될 것이고 그분은 실망하며 돌아가겠구나 싶었다.

그녀는 봄이라는 이름으로 상담을 신청했는데 이주 후에 오면서는 여름으로 바뀌어서 연락이 왔다. 여름이 되어 더워져서 여름으로 바꿨냐고 했더니 그렇다고 했다. 가을, 겨울이 되면 바꾸냐고 했더니 당연하다고 했다. "참 민감하고 디테일한 감성이네요." 계절에 따라 자신의 이름을 바꾸는 아가씨라니 얼마나 신선한 모습인가 싶었다.

그녀가 듣기 싫은 말은 많았고, 중요한 건 내가 늘 하는 말이었다. "안 돼, 못해, 왜 그랬어, 직업은, 나이는, 결혼은, 할 수 있겠어,

어떻게 하려고, 노력해 봐, 잘해야지, 할 수 있어, 열심히 해라."

첫 번째 상담은 아슬아슬하게 넘어갔고, 두 번째 왔을 때 딱 걸러버렸다. 하지 말라고 한 말이었는데 하고 말았다. 나는 좀 당황했고 그녀는 엷게 웃었고 다음엔 당연히 소식이 없었다. 그녀에게 그 말을 가장 많이 한 사람은 부모일 것이고 지인들도 답답해하며 그 말들을 사용할 것이다. 그럴 때마다 그녀는 마음의 문을 굳게 닫아걸고 있을 것이다.

저 말들을 나는 숱하게 내 딸에게 했다. 딸은 화를 냈고 나는 그러면 무슨 말을 하라는 거냐, 열심히 하란 말도 못 하냐 했었다. 말이 아니었다는 걸 오늘 알았다. 그 말을 하는 내가 이미 비난과 실망을 품고 있어서 스스로 자책하고 있던 아이에게는 아픈 말이었던 것이다. 아무 말 없이 안아주는 것이 그렇게도 어려웠다. 괜찮다는 다독거림을 해 줄 수가 없었다. 변명을 하자면 나를 그렇게 괜찮다고 해 준 사람이 아무도 없었다. 이제 그 변명을 내려 놓고 내가 나를 친절하게 대하는 방법을 알려줄 수 있었는데 쌩 사라졌다. 상담료는 내가 받았는데 봄이는 홀연히 나타나서 나에게 가르침을 주고 사라졌다. 그녀에게는 완전함은 없는 거라고, 그대로 괜찮다고, 네가 즐거우면 된다고, 네가 하고 싶은 것을 하는 것이 잘하는 것이라고 말해 주는 사람이 없었다는 것이다.

아무도 그런 말을 해 주지 않을 수도 있어. 스스로 비난의 말을 퍼부으며 그렇게 방어할 수밖에 없는 여린 가슴을 만날 수 있었으면 그 속에 숨은 씨앗을 발견할 수도 있었을 텐데 가버렸다. 계절도 지나고 유행도 지난 꽃무늬 긴소매 원피스를 입고 일부러 나에게 나타난 여신이었다.

그래서 2월에 딸이 왔을 때 다 괜찮다고, 네가 다 맞다고, 하기 싫은 건 안 해도 된다고 말할 수 있었다.

Part 6

힘겨운 감정 만나기

힘겨운 상황에서도 우리 자신에게 지지적
인 태도를 가질 때 우리는 우리에게 중요한
타인을 돌볼 수 있는 정서적 자원을 얻을
수 있다. 우리가 힘겨울 때 우리 자신에게
자애와 연민을 제공하는 것은 더 좋은 기
분을 느끼기 위해서가 아니라 우리가 힘들
기 때문이다.

상처 나지 않은 가면

• • •

내 맘대로 되지 않아 화가 난 내가 남편의 얼굴을 꼬집고 잡아 뜯는
꿈을 꾸었다. 작년에는 가죽으로 된 가면이어서 날카로운 도구로 찔러
도 상처가 생기지 않았는데 이번에는 가죽이 아닌데도 여전히 손톱으
로도 상처가 생기지 않는다.

(2022년 5월 16일)

현실에서 문제는 3개월의 약을 들고 간 소희가 다시 귀국해서
병원에 가야 한다는 조바심과 약의 후유증을 불안해하는 마음이었

다. 그런데 남편은 이전과 똑같이 무심하게 있는 걸로 느껴져서 답답했다. 내가 펄쩍거리며 걱정으로 불안해하는 것을 같이 느껴 주기를 바랐다.

그러나 꿈에 나타난 모든 사람과 사물은 꿈꾼 사람의 부분을 알려 주고 있어서 가면은 벗었지만, 여전히 상처가 생기지 않는 남편은 사실 내 얼굴을 가리키고 있다. 여전히 좀 더 여유롭지 못하고 자책하는 내 태도였다. 그래서 당연히 온전하게 아이를 연민할 수 없는 나를 가리키고 있다. 다급한 불안을 마음챙김하지 못하고 그 마음을 멈춰서 위로하지 못한 채 서두르는 나를 남편이 알아주기를 바라는 마음이다. 남편에게 투사한 나의 매정함과 비난을 꿈이 알려 준다. 상처가 나지 않는 건 진짜 얼굴이 아니고 여전히 가면이란 말일까. 얼굴이 되어 버린 가면, 뜯어낼 수도 없는 가면. 나의 굳어버린 페르소나persona 같다.

이런 시기에 나와 비슷한 엄마가 딸을 데리고 상담소에 왔다. 초등교사 임용에 합격해서 발령을 기다리는 지영이를 데리고 온 부모님은 딸이 길에서 만난 남자를 사귄다면서 실망이 이만저만 아니었다. 나는 부모님 걱정을 충분히 이해할 수 있었지만, 이제는 어른인 지영이가 엎드려서 끅끅거리며 답답해서 우는 모습이 내 딸의 마음을 보는 거 같았다. 이렇게 나와 딸의 모습이 생생하게 내 앞에 나타난 것에 당황도 되고 지영이 마음을 잘 알아줄 수 있을 거 같아서 다행이기도 했다.

그동안 딸의 교사 임용이 목표였던 엄마는 어른이 된 딸의 연애를 죄책감으로 느끼게 만들어서 딸을 통제하고 있었다. 결국 지영이가 다른 도시로 발령이 나자 엄마에게 공황 같은 증상이 찾아왔고 그 원인과 비난은 남편을 향했다. 다행히 지영이 아빠가 찾아오셔서 엄마의 모든 것이었던 아이가 독립하고 떠났을 때 엄마가 느끼는 상실감을 이해해 줄 것을 말씀드렸다. 애착하던 큰아들도 같은 시기에 독립하는 중이어서 엄마의 마음은 붕괴되고 있었다. 그래도 워낙 성실한 엄마여서 단전호흡을 배우며 마음을 다스린다고 하셔서 다행이었다.

처음 상담소에 방문 한 날 "최소한 같은 학교에 근무하는 남자 선생을 만나도 되지 않냐?"던 엄마의 말이 내가 하던 말과 똑같아서 마음이 아팠다. 아일랜드까지 유학을 보냈는데 같은 학교 학생을 만났으면 말을 안 하겠다는 생각을 지금도 갖고 있기 때문이다. 지영이를 보니 우리 딸도 사람을 고르기에는 다급하게 애정이 필요하고 자신의 가치에 대한 자신감이 없다는 게 이해되었다. 세상에 내보이기에 좋은 성공만을 바라며 아이들 마음을 무시했던 엄마의 딸들이 느끼는 자기 가치감이었다. 자기 비난으로 만들어진 날카로운 마음이 키운 가치감이라는 걸 알게 돼서 할 말이 없다. 거기 그만큼에서 네가 평화로울 수 있게 내가 도울 수 있는 게 있을까?

네가 내면의 가치를 알게 되기를, 네가 내면의 사랑과 연결되기를, 네가 내면의 신성과 연결되기를 그리고 나도 내면의 가치를 알게 되기를.

딸은 다시 병원에 간다는 것에 수긍해서 왔다가 두 달을 지내고 돌아갔다. 딸과 일주일에 한 번 서울에 있는 병원을 다니다가 힘들어진 내가 남편에게 도움을 청했다. 나는 못 하겠다며 드러누워 버렸다. 남편은 기꺼이 직장을 쉬고 딸과 동행해 줬다. 의사 선생님도 멀리까지 함께한 아버지가 감사했는지 훨씬 친절했다고 아이가 좋아했다. 내가 힘들어서 못 가겠다고 두 손을 들어서 생긴 효과였다. 내가 다 해야 된다는 생각을 왜 했을까. 좀 더 빨리 부탁했어도 될 일이었다. 아이가 돌아간 뒤로 나는 기진해서 한 달을 누워 지냈다.

딸은 돌아간 지 세 달이 지나서 내가 부탁했던『야성의 관음』타로 번역을 완성해서 보내왔다. 작년에 하다가 반이 남았는데 하기 싫다며 던져 놓았었다. 영혼의 성장 과정에 관한 내용이어서 어려웠을 것인데 매끈하게 번역을 잘해서 놀라고 대견했다.

지하 세계의 여신

• • •

할아버지가 통통하고 둥근 동자 아기를 가슴에 안겨 준다.
(2022년 2월 3일)

명상 센터이다. 미경 샘이 논문을 들고 들렸다. 바닷가를 지나 지하로
내려가는 집이다. 네 명의 여자와 사는 나이 든 남자의 집이다. 바다
옆이어서 폭우가 치면 위험하겠다. 흰 꽃과 붉은 꽃이 신비롭게 피어
있어서 사진을 찍는다. 강미경이 서 있는 곳, 하늘에 말이 끄는 전차가
보여 사진을 찍었는데 사진에는 화려하게 날개옷을 입은 여신의 모습
이 찍혔다. 그림에서 봤던 관음보살 같기도 하다. 지하에서 빠져나와

서 길을 걸어 돌아간다.

(2011년 11월8일)

오랜만에 만난 미경 샘이 『푸른 문』을 잘 읽었다며 감동을 표현
해 주고 상담소 운영도 덕분에 잘하고 있다고 말해 줘서 그 말에
오히려 감사했었다. 그래서 할아버지가 사는 지하로 함께 들어갈
수 있었던 것 같다. 혼자서는 지하로 가는 것이 가능했을까 싶다.
어쩌면 나 혼자 이룬 것처럼 여기던 것들이 여러 사람의 덕분임을
알게 되며 여신을 만난 것 같다.

연민 수업을 받는 동안 두세 번, 내 삶이 맞닿은 내 손바닥 안에
압축되어 납작해져 있는 것 같은 느낌을 받았다. '살아온 삶이 이렇
게 단순하고 짧았구나' 놀라웠다. 단숨에 한 걸음 건넜을 뿐인데
내가 여기 65살이 되어 있는 느낌이었다. 분노하며 억울해하며
길었던 인생이 틈도 없이 맞닿은 손바닥 사이에 있었다. '이렇게
짧디짧은 삶이었구나' '개울을 하나 건너듯 훌쩍 건너왔구나' 스쳐
가는 찰나에도 욕심을 내는 내가 측은하게 느껴졌다. 다른 사람에
게 잘 보이려고 온 시간을 통째로 애쓰는 내가 알아차려지기도
해서 부질없고 서글펐다.

그러나 한숨 자고 나면 여전히 욕망에 들뜨고 놓치지 않으려

꽉 쥐고 있는 손이 펴지지 않았다. 수시로 질기고 긴 욕심과 찰나의 비움이 왔다가 갔다가 춤을 추었다.

나의 올해 타로는 죽음 카드였다. 죽음이란 단어가 무서워서 모른 척하고 잊어버렸다가 한 해가 다 끝나면서 죽음의 해를 보냈다는 것이 떠올랐다. 딸이 두 번 다녀갔고 어머니가 내가 사는 곳으로 이사를 왔다. 자기연민 지도자 공부를 시작해서 마무리했고 우리 강아지가 죽었다. 강아지랑 십 년간 살던 집을 팔고 마당 있는 집으로 이사를 했다.

이사한 집에서 11월 말부터 야심 차게 책 쓰기를 시작했다. 정말 너무 많은 일이 있었다. 죽음에는 상실과 슬픔, 우울만 있는 게 아니다. 죽음의 의미는 비옥하게 변화하는 대지처럼 새로운 가능성과 시작으로 이끄는 뜻도 있다.

죽음과 지하의 시간은 요나가 고래뱃속에서 보낸 시간이고 하데스에게 잡혀간 딸을 찾아다니는 어머니 데메테르 여신의 시간이다. 길을 알려 주는 할머니 헤카테 여신의 도움으로 어머니 여신은 딸 페르세포네를 지하에서 찾아온다. 그러나 지하의 신 하데스가 건네준 석류를 먹은 페르세포네는 다시 돌아가야 하고 어머니의 딸이라는 정체성에서 지하 세계의 여왕으로 새로운 자아감을 찾게 된다. 모린 머독은 말한다.

자신의 영혼 깊숙이 들어간 페르세포네는 우리의 삶에 절대적으로 필요하다. 삶을 깊이 들여다보는 계기가 되어 삶에서 가장 두려운 순간을 대면할 수 있게 해 준다.

모린 머독은 소녀가 비약적으로 성장하는 순간을 '저항할 수 없는 강간'으로 비유했다. 우리는 지하에서 돌아오는 페르세포네의 엄마이며 딸이다. 강간당한 후 상실과 혼란에 빠졌던 소녀가 이제 새로운 자아감을 회복하기 시작하는 시간이다. 소녀는 헤카테이고 데메테르이고 페르세포네이며 세상의 모든 여자이다. 우리 모두는 할머니이고 엄마이고 딸이다.

흉터가 남은 자리

• • •

상처가 있는 곳으로 다시 돌아가서 상처와 함께 있을 때 그곳에서 치유가 시작된다고 한다. 부모가 있었고 학교도 다녔고 결혼도 했고 아이를 키웠다. 그러나 일상적으로 지나간 시간 속에 무엇이라고 이름 붙일 수 없는 것들이 들러붙어 있었다. 검은 타르처럼 떨어지지 않는 것이었다. 고통이 축복이라는 걸 알기는 어려운 거라고, 아주 나중에 만약 그 의미를 알게 된다면 굉장히 특별한 거라고 도닥여 주는 어른이 있었으면 좋았을 것이다.

어머니와 내가 함께 어머니가 이전에 살던 고향을 들러보고 친척들을 만나기 위해 떠난 길이다. 둘이 담벼락에 걸터앉아 읍내를 내려다보다가, 버스를 타기 위해 간 정류장에서 나는 아는 사람의 가게에 들어간 어머니를 기다린다.

(2022년 6월 20일)

최근에 본 드라마의 장면과 비슷하다는 생각이 든다. 죽음을 앞에 둔 김혜자가 평생 가보지 못한 고향에 가고 싶어 해서 아들이 동행하는 드라마 장면처럼 내가 어머니의 길에 동행하고 있다. 어릴 때부터 불행해 보이는 어머니에게 사람이 태어난 이유는 즐겁고 행복하게 살라는 것이라고 말하고 싶었다.

팔십 후반의 어머니를 내가 사는 도시로 모셔 왔다. 마침 여름 장마가 오느라고 바람이 부는 시기여서 옮긴 집에는 현관문과 베란다 창문으로 바람이 사정없이 불었다. 베란다 창문으로 해가 뜨는 산봉우리가 보이고 흐르는 강줄기도 보이는 곳이었다. 그 풍경 때문에 오래된 아파트지만 부모님의 집으로 정했다. 가만히 있지 못하고 늘 부산하게 움직이며 아버지를 흘겨보고 신세 한탄이 추임새인 엄마를 가만가만 쓰다듬어 주고 싶은 로망 때문이었다. 날카롭게 곤두서 있는 신경들이 잦아들게 손도 잡아 주고 '엄마, 힘들었지요'라고 말해 주고 싶어서였다.

일부러 어머니를 데리고 나와 마트에 가서 필요한 걸 한 보따리 샀다. 식탁에 올려주고 돌아서 나오는데 "나는 다 늙어서 곧 죽을 사람인께 니 딸한테나 신경 써라" 한다. 화가 확 올라온다. 나는 과연 무슨 말을 듣고 싶었을까. 혼란한 느낌 때문에 내가 원하는 것을 나도 잘 모르겠다. 나는 아직도 어머니가 나에게 부드러운 눈길로 "애썼다. 미안하고 고맙다"라는 말을 기대했던 가보다. 같이 지내다 보면 혹시라도 엄마를 이해하게 되어서 내가 부드러워지고 내가 미안해하고 착한 아이로 복원될 수도 있을 것으로 생각한 것 같다.

예전에 찾은 나의 욕구는 신체적, 정서적 안전에 대한 욕구였다. 사랑을 받고 싶은 욕구 이전에 일단 생존을 위한 안전을 필요로 하는 욕구였다. 지금은 생존한 나를 확인하고 나도 사랑받을 수 있으며 가치 있는 존재라는 진실에 연결되고 싶다는 생각을 한 것 같다. 그것을 나 스스로 하지 않고 어머니가 연결해 주고 증명해 주기를 바라고 있었다는 걸 이제 깨닫는다.

선하거나 악한 것은 따로 있는 것이 아니라 그저 잘못 사용한 순간이 있을 뿐이다. 잘못이라고 불린 것은 내 안의 가능성들을 그릇되게 사용하고 그 결과를 잘못되었다고 판단한 것이다. 온전한 사람이란 현실에서 의무를 행하는 의식뿐만 아니라 영혼도 우리 내면에 존재함을 자각한 상태를 말한다.

현실적 안위와 내면의 고요를 함께 추구하는 두 가지 특성이 너무 분열된 상태로 느껴져서 내 삶을 가식적인 삶이라고 스스로 자책하기도 했다. 에고와 영혼의 갈망이 상반되는 것이 당연한 상태라는 걸 몰라서 스스로 비난했다. 그냥 모든 것이 비난거리였다는 생각이 든다.

　복잡한 서울에서 시멘트벽만 보며 답답하게 살다가 시골에 내려왔으니 가까운 저수지에 연꽃을 보여 주고 싶었다. 낮에는 너무 더워서 아침 일찍 가자고 해놓고 데리러 갔더니 어머니는 못 걷는다며 싫다 하고 아버지만 따라나섰다. 삼천포 시장으로 먼저 가서 어머니가 좋아하는 해산물을 사 들고 연꽃 옆에서 사진도 한 장 찍고 돌아왔다.

　삼 주가 지났을까? 갑자기 무슨 말끝에 어머니가 그랬다. "아버지가 꽃 보고 온 날 잠도 덜 자고 나갔다가 체해서 매실 효소를 세 컵을 먹었고 눈도 아프고 귀도 아프다고 했어."

　무슨 소리인지, 그날 아침에 아버지가 아침밥을 밖에서 안 먹는다고 해서 그냥 들어왔고, 눈 아픈 건 저번 주 금요일, 귀 때문에 병원 간 건 그저께 화요일이었다. 저번 주는 어머니가 요양사를 일주일 쉬라고 해 버려서 아버지가 요양사랑 산책하던 루틴이 깨진 데다 더 이상 요양사가 안 오는 줄 알고 실망하면서 녹내장이던 눈에 바이러스가 생겨 통증이 생겼던 것이었다. 안과에 같이 갔다가 그 길로 강변을 산책하면서 아버지한테 요양사가 다음 주에는 올 거니 걱정하시지 말라고 이야기를 나눴었다. 어머니는 시간을 뛰어넘어서 자기식대로 기억을 조작하고 있었다. 그리고 그 기억의 조작에 또 나에 대한 공격이 숨어 있었다. "니가 데리고 나가서 아버지가 아팠다"라고 말이다.

나는 아무래도 어머니의 삶과 기억 속에서는 착한 딸이 될 수 없을 거 같다. 지금 와서 어떻게 해도 나는 착한 딸로 복원될 것 같지는 않다.

내가 사랑스럽고 가치 있는 존재임을 알게 되기를,
내가 내 안의 사랑과 연결되기를,
내가 내 안의 가치와 연결되기를….

목욕탕과 거지 아이

•••

고아로 보이는 아이를 길에서 만나서 목욕탕에 데리고 들어간다.
(2022년 8월 20일)

십 년도 전에 목욕탕 앞까지 따라온 거지 아이를 버려두고 혼자
만 목욕탕에 들어간 꿈과 연결되어 바뀐 꿈이 반가웠다. 외면했던
아이를 챙기고 돌보는 것은 조금씩 영혼의 메시지에 귀 기울이고
창조적인 내면아이를 돌보기 시작했다는 말일 것이다.

한편으로 고아에 거지 아이는 '결코 사랑받을 수 없게 잘못되었

고 그래서 나는 나쁘다'고 규정해 버린 수치심을 상징하는 모습 그 자체로 느껴졌다. 오늘 수치심을 다루는 수업이 궁금하기도 하면서 나하고 상관없는 것처럼 하고 싶었다. 그래서 "수치심이 사랑받고 싶은 보편적인 바람에서 일어난 감정이어서 다른 감정과 똑같이 보편적이고 순수한 감정이다"라는 말이 남몰래 기뻤다.

수치심이 침묵에 의해 유지된다는 말도 잘 이해되었다. 사랑스럽지 못한 자질들이 노출되는 것을 두려워한다는 말은 어렸을 때 들었던 아버지의 음성을 기억나게 한다. "쟤는 누구를 닮아서 저리 못생겼노. 시커먼 데다 입술은 뚝 까져서 두껍고." 거의 다른 나라 종족을 묘사하는 것 같은데 그것이 딸에 대한 아버지의 평가였다. 비웃음을 담고 나를 바라보던 젊은 아버지의 표정이 아릿하게 지금도 기억난다. 가끔 남편과 말을 주고받다가 내가 장난으로 "왜 비웃어?" 할 때가 있다. 남편은 황당해하고 나도 뜬금없는 말인 줄 알아서 웃었는데 오래된 상처를 반복하는 단어였다는 걸 알겠다. 나는 묻고 싶었을까. "아버지, 어린 나를 왜 그렇게 비웃어요? 못생기게 태어난 게 결코 내 잘못은 아니잖아요."

아버지는 만약 옛날 어려운 시절에 태어나 쌀이 없어서 굶게 될 지경에 처하면 딸을 하나씩 팔았을, 딱 그런 사람이었다. 고등학교 졸업식을 앞둔 동생을 다방에서 한 달간 아르바이트를 시켰다. 그때는 나이 든 사람들이 주로 출입하는 장소였고 아가씨들이 직접 커피를 접대하는 곳이었다. 그 동생은 친구가 대학 원서를 접수시켜 주고 도와줘서 대학을 갔다. 다른 동생도 여고를 졸업하자 서울에 있는 제과점에 취직을 시켰다. 나는 아마도 못생겨서 그나마 내 맘대로 대학에 입학했는데 손을 다쳐 휴학하는 바람에 서울 작은아버지 집에 끌려갔다 온 적이 있다. 작은아버지는 가족을 버리고 서울에서 버스 기사를 하고 있었는데 한 칸 방에서 차장 아가씨 한 명이랑 지내고 있었다. 하룻밤을 두 사람 사이에서 자고 집으로 내려와서 성질을 냈던 생각이 난다. 집이 있어서 밥을 굶지 않아서 그래도 고마운 일이었다고 해야 할까.

마셜 로젠버그는 모든 비판이 그러하듯이 자책도 '충족되지 않은 욕구의 비극적인 표현'이라고 했다. 우리가 날마다 자기비판, 비난, 강요로 자신과 대화할 때 '우리 자신이 인간이라기보다는 의자'처럼 느껴지는 것은 놀랄 일이 아니라고 말했다.

우리의 모든 행동 뒤에는 살아남으려 했고, 괜찮은 사람으로 보이고 싶었던 욕구가 있었다는 것을 자각하고 지금이라도 그런 나를 위로하고 따뜻하게 대하는 것이 친절한 전환이다. '의자'가 아닌 '사람'이 되기 위해서 자기비판, 자기 비난, 강요를 자각하고 가슴에 손을 얹고 쓰다듬으며 괜찮다고 위로할 수 있다면 부끄러워하던 거지 아이도 미소 지으며 예뻐질 것이다.

자애심이 없이 고통을 대면하게 되면 그 자리는 복수심으로 고함을 치는 싸움의 장소가 된다. 고통에서 빠르게 빠져나오려고 애쓰기보다는 머물러서 고통을 위로하고 친절하게 대할 수 있는 멈춤과 연민이 필요하다는 걸 알아가고 있는 중이다.

"수치심은 우리의 좋은 나머지 부분을 못 보게 하지만 자기연민은 우리의 모든 부분을 포용한다"는 말은 마음을 안정시켜 주고 나에게 어떤 기대감이 생기게 한다.

올해도 TV에서 쇼미더머니를 11년째 보면서 나의 연예인이 바뀌었다. 쌈디에서 저스디스로 바뀌었다. 특히 이번 음원 미션에서 〈MY WAY〉를 들으며 비장한 기분조차 들었다. 훅도 미쳤지만 가사도 좋았다. 젊은 남자의 열망과 그 열망을 조절하려는 몸짓까지 다 보이는 미숙함이 너무 매력적이다. 그의 어두움과 순수함이 교차하는 모습을 응원한다. 숨길 줄 모르는 그대를 응원하는 것이 나를 응원하는 것 같아졌다. 나는 지금 그대를 통하여 나를 열렬히 응원한다.

그의 열기와 그의 확신과 그리고 두려움까지 다 보여 주는 표정과 몸짓을 보며 같이 뛰는 중이다. 욕설이 난무하는 노래를 들으며 나는 사춘기 소녀가 된 것처럼 지금부터는 아무것도 포기하지 않고 그 아무것도 뺏기지 않겠다고 결심하게 된다. 좋은 사람이 되려는 가면도 쓰지 않겠다. 돌려서 말하는 비극적인 표현 말고 진정한 욕구를 말하겠다. 그 욕구를 갖고 있는 나를 그냥 따뜻하게 바라봐

주겠다.

　"네가 나의 모든 것을 뺏어갔어도

　모두가 내 꿈에 바리케이드를 쳐도

　내가 나의 기름 더 불을 붙여줘

　빛이 나는 MY WAY

　빛이 나는 MY WAY"

Part 7

힘든 관계 탐색하기

공감은 '나는 당신을 느낀다'라고 말하고
연민은 '나는 당신과 함께한다'라고 말하면
서 긍정적 정서를 불러일으킨다.

할머니가 선물한 책

• • •

여행에서 돌아와 집에 왔다. 아기가 자고 있고, 부엌방에 작고 이쁘장한 할머니가 방에 떨어진 검은 쓰레기를 걸레로 훔쳐내고 있다. "일하는 아줌마가 내일 오는 날인데 왜 다른 사람을 불렀지?" 남편에게 물어보니 옆집에 사는 할머니라고 한다. 마당을 걸어 나가던 할머니가 집 쪽으로 돌아오다가 다시 간다. 무슨 말을 하려고 한 것 같다. 아기는 계속 잠을 자는데 우리 강아지 같기도 하다. 이불을 잘 덮어준다. (2021년 6월 13일)

할머니가 일하는 사람으로 왔다. 내가 사다 놓은 물건이 한 보따리

풀려있다. 연근 튀김이 있어 뒤집는데 튀김옷이 벗겨져 연근이 드러난다. 소희를 먹여야 한다는 생각이 들어 찾아보니 안쪽 방에서 현주랑 더 큰 여자애랑 놀고 있다. 새로 산 장난감에 빠져 있다.

(2021년 9월 18일)

꿈속에서 할머니는 항상 나를 보살피고 도와주는 사람이다. 옛날부터 늘 가만히 앉아서 지켜보기만 하던 할머니가 꿈과 소통하게 되면서부터는 늘 나를 위해 동분서주하고 계신다. 그러함에도 나는 당연하게 도움을 받으면서 할머니의 소중함을 잊어버리고 있다. 요즘 꿈에서 할머니는 집안일까지 도와준다.

지혜로운 할머니는 대지 자체이며 여성에게 필요한 통찰, 지혜, 강인함을 상징하기 때문에 할머니의 보살핌은 특별한 재능과 재주를 발휘하게 도와주는 의미가 있다.

문득 청소해 주고 가던 할머니가 마당에서 돌아보며 할 말이 있는 거 같았는데 무심했던 생각이 났다. '내가 할머니를 외면했구나. 할머니는 아직 전해줄 말과 도와줄 일이 많은데 내가 몰랐구나. 나에게 돌아서던 할머니는 내가 알아보지 못하는 걸 보고 그냥 가버렸구나.' 할머니가 도와주러 계속 찾아온 것을 놓쳤다는 걸 엊저녁 잠들기 전에 깨닫고 내 건방진 태도와 어리석음에 기막혀

하며 잠이 들었다. 할머니가 제공해 주는 영혼의 음식을 외면한
꿈도 몇 달이 지나서야 알아차렸다.

교실을 향해 들어갔는데 그다음에 높은 산에서 내려오고 있다. 어린
소희를 데리고 내려온다. 다 내려올 즈음 '돌아갈 차를 어떻게 부르
지?' 걱정하며 내려왔는데 할머니가 오픈카 같은 차를 타고 와있다.
차가 속옷 천인 자잘한 꽃무늬가 있는 면으로 감싸여 있다.
(2022년 3월 20일)

할머니를 알아차린 날 밤, 곧장 꿈에서 할머니가 도와주러 나타
났다. 할머니가 나를 위해 기다리다가 바로 나타난 거 같다. 이전에
꿈 분석을 시작했을 무렵 소희랑 따로 신성한 산에 올라가려는
꿈을 꾼 적이 있는데 오늘은 그 산을 함께 내려오는 꿈이었다.
'내려가면 어떻게 집에 가지' 걱정하며 내려왔는데 우리를 데려가
기 위해 할머니가 차를 갖고 와서 기다리고 있었다. 더구나 부드럽
고 포근한 속옷 천으로 감싼 자동차를 타고 왔다. 아기 때 애착
형성에 문제가 있는 나와 딸에게 따뜻함이 필요하다는 의미로 보인
다. 속옷 천이 부드럽고 따뜻한 자기연민을 상징하는 것도 같다.

데이지꽃처럼 자잘한 꽃무늬는 딸이 좋아하는 무늬이기도 하다.

수업 시간에 '연민 어린 친구'를 떠올리는 명상을 할 때는 당연히 할머니를 떠올렸다. 내 수호천사이고 내면의 지혜로운 할머니여서다. 할머니에게서 받고 싶은 선물을 상상하라는 멘트가 있어서 "책을 쓸 노트와 연필이 필요해요" 하고 노트와 연필을 받으려는데 할머니가 내미는 건 책이었다. 처음에는 당황스러워하다가 할머니가 내가 쓰려고 하는 책을 이미 완성해서 들고 있다는 것이 이해되어 두 손으로 받았다. 지금 나는 할머니한테서 받은 책을 실제로 쓰고 있는 것이다. 무의식이 꿈을 뚫고 나와서 현실을 만드는 것을 마법이라고 불러 볼까 싶다.

그러함에도 오늘 병원에 갔다가 마주친 할머니를 모른 척했다. 백신 2차 주사를 맞으러 종합병원에 간 날이었다. 내과에 들러서 주사실 앞에서 차례를 기다리는데 할머니 한 분에게 간호사가 "앞으로 쭉 가다 왼쪽으로 꺾어서 이층에 내과 들러서 오세요" 한다.

잘 가시는가 쳐다보던 간호사가 "어이구 계속 가버리네" 한다. 같이 쳐다보던 나는 순간적으로 '가서 도와드려야 하나?' 몸을 움찔했지만 내 차례가 바로 다음이어서 고개를 돌리고 모른척했다. 그 할머니가 집에 와서도 생각이 났다. 도와드렸어야 했다. 바쁜 일도 없었는데 차례가 좀 밀리면 어떻다고 야박하게 굴었을까? 현실에서는 금방 마주하게 될 앞으로의 늙은 내 모습을 모른 척했고, 한편으로는 영혼의 안내자인 할머니를 외면했다는 생각이 들었다. 알아차리지 못한 순간이었다.

어두운 방

● ● ●

젊은 남자 선생의 지도로 집단으로 하는 미술치료 중이다. 선생이 나에게 어린애 같은 부분이 남아 있다고 말하는데 내가 아니라고 바득바득 아니라고 대꾸한다. 약간 억울하고 찜찜한 심정이다. 옆방은 어스름하게 어두운데 선생과 함께 서 있다. 선생이 이 방이 왜 이리 어둡지, 전기가 고장이 났나? 하는데 내가 어두워서 좋다며 그대로 놔두자고 한다.

(2022년 9월 7일)

어제부터 상담을 받기로 결정한 이유가 90살이 되어가는 부모 앞에서 내가 여전히 어린애 같은 심정으로 있다는 걸 알아차린 때문이었다. 부모님이 이사를 와서 가까운 곳에서 지내면서 힘이 들기 시작했다. 그리고 동생들한테 하소연하면서 전화기를 붙들고 그렇게 펑펑 울었다. 어렸을 때 너무 답답하지만 제대로 말하기도 어렵고 울지도 못했던 마음이 마구 올라오는 것 같았다. 사실 이제 까지는 어머니에 대한 감정으로 울어보지도 못했다. 누구한테 설명하기도 어렵고 내가 나쁘다는 결론으로 끝난 일이었다. 지금은 동생들이 알아준다고 생각하니 마음이 놓여서 울게 되는 거 같았다. 보고 있던 남편이 많이 울면 치유가 되겠다고 한다. 그럴까. 울고 나면 시원하기는 하지만 똑같은 상황이 생기고 똑같이 바로 그 감정에 무너지며 우는 것을 되풀이할 뿐이란 생각이 든다.

식당에서 포장해 온 매운탕을 아버지랑 먹고 있는데 엄마가 앞에 앉아서 그런다. "느그 이숙은 아파서 물 같은 것만 먹고 일 년을 살아도 괜찮더라. 사람이 쉽게 죽는 게 아니더라. 이번에 보니까 아프기 전보다 얼굴이 더 좋아졌더라." 겨우 밥을 한 숟가락 뜨는 아버지 앞에서 뭔 말인지 매운탕 사 온 나를 욕하는 걸로 들린다.

두 시간 거리의 도시에 있는 부모님 산소에 가보고 싶다고 갑자기 아버지가 구부정한 몸을 일으키며 나를 쳐다본다. "그래요, 가고 싶을 때 가요. 언제 또 가겠어요?" 하는데 엄마가 말한다. "너네 외할머니가 산소에 가고 싶다고 해서 갔다 와서 돌아가셨잖아. 다 아는가 봐. 자신이." 옆에 있던 아버지는 잘 안 들리는지 "뭐?" 한다. 그런 엄마가 나에게 "건강해라" 하면 무섭다. "운전 조심해라" 해도 무섭다.

어머니와 관계에 혼란해하던 중에 에크하르트 톨레가 '고통체 Emotional Pain Body'에 대해 이야기하는 걸 듣게 되었다. 정신적인 기생충이라고 불리는 고통체는 배가 고프거나 먹이가 필요하면 수면 상태에서 깨어난다. 고통체에게 고통은 쾌락이다. 고통체를 일으키는 사람은 특히 가족을 좋아하는데 그들에게서 먹이를 얻기 쉽기 때문이다. 직감적으로 당신의 가장 약한 부분과 상처 입기 쉬운 부분을 알고 있다. 고통체는 더 많은 감정을 찾아다니는 원초적인 감정이다. 상대방의 고통체는 당신의 고통체를 깨우고 싶어 하는데 한 번에 성공하지 못하면 몇 번이나 시도한다. 그렇게 해서 두 고통체는 상대방과 고통을 주고받으며 먹이를 섭취한다.

그러나 고통체와 동일화에서 자유로워지는 데는 전혀 시간이 걸리지 않는다. 고통체가 활성화되었을 때 자신 안에서 느껴지는 것이 고통체라는 것을 알아차리기만 하면 된다. 알아차림은 고통체가 더 이상 당신을 사용할 수 없고 당신을 통해 재생할 수 없음을 의미한다.

꿈에 나온 어두운 방이 고통체가 사는 방이었다는 것이 이해되었다. 오래된 과거의 이야기로 고통스러운 감정 에너지를 재생산시키는 방이었다. 어두운 방을 유지하고 싶었던 이유가 고통체를 유지하고 싶었던 중독된 마음이라는 것을 알게 된 날이다.

딸이 나의 가면을 보게 했듯이 어머니 또한 비난으로 먹여 키운 나의 고통체를 자각하게 도와주는 역할을 했다는 것을 알았다. 비난 에너지로 뭉친 내 안의 비극적인 고통체가 금방 없어지는 건 아니고 다시 생기겠지만 그때마다 다시 알아차리고 부정적인 감정들을 연민으로 대하겠다.

융 분석에서도 그림자는 빛을 피하는 속성이 있는데 자기 자신의 일부로 받아들이기 싫은 부분이기 때문이라고 한다. 그러나 중요한 것은 그림자가 부정적인 것만은 아니라는 사실이다. 의식의 빛 가운데 드러나기만 하면 다시 말해 자기에게 어두운 부분이 있다는 사실을 인식하고 자기의 일부로 받아들이면 어두운 방은 창조적이고 긍정적인 기능을 한다는 사실이다.

미워하는 사람에 대해 외우는 자애 문구가 있다.

나는 화가 머리끝까지 치밀어 오르게 만드는 그 사람이 고통에서 벗어나고 행복을 누리게 되기를 기원합니다.

나를 정말 화나게 만드는 그 사람이 행복과 행복의 근원에 가닿기를 기원합니다.

내가 원망하는 그 사람이 자신의 자애심을 일깨우기를 기원합니다.

내가 행복해지기를 바라는 마음이 커서 다른 사람을 향한 기도조차 내 안에서 더 커지며 울림이 되는 걸 본다. 고통받는 사람들 속에 당연히 나도 있어서 나를 위한 기도가 된다.

내 마음에 있는 어두운 방처럼 힘든 기억과 관계들이 내가 깨어나는 데 도움이 되기를 바랍니다.

마음이 연민과 자애로 깨어나기를 바랍니다.

어린 괴물

•••

마셜 로젠버그는 화는 '충족되지 않은 욕구의 표현'이라고 정의한다. 그래서 화를 내는 순간 욕구를 충족하기보다 다른 사람을 처벌하는 데 에너지를 소모시키고 있다는 것을 깨달으라고 한다. 우리가 화라는 단단한 껍질이 감싸고 있는 두려움, 상실감 등 약한 감정을 만나게 되면 화가 모든 감정과 마찬가지로 나쁜 것만이 아니고 자신을 보호하려는 긍정적인 기능도 있다는 걸 이해하게 된다. 그 순간 우리는 화를 판단하거나 비난하지 않고 연민해 줄 수 있게 된다.

친구 둘이 각자의 욕구가 자유와 존중이라고 말했는데 다음

날 만났을 때 한 친구가 자유롭고 싶다는 기저에 사실은 사랑받고 싶은 마음이 있다는 걸 알게 되었다고 했다. 존중을 이야기했던 친구도 그 말을 듣는 순간 자신도 사랑의 욕구가 더 깊은 바탕에 있는 것을 알아차렸다고 말을 했다.

사랑받고 싶은 욕구를 진심으로 깨닫는 것이 쉬운 일은 아니다. 사랑을 받고자 하는 마음은 너무 연약한 느낌이어서 그런 나를 드러내는 것은 위험하기 때문이다. 그래서 사랑이나 인정 욕구가 우리에게 보편적이고 합당한 가치가 있다는 사실을 이해하는 것은 대단히 중요한 일이 된다. 그 이해심은 자기연민하기를 가능하게 해 주기 때문이다. 그렇게 화에 대한 마음챙김은 다른 사람에게 받기를 갈망했던 사랑과 연민을 스스로 자신에게 줄 수 있게 돕는다. 자신 안의 연약하고 부드러운 부분을 만나게 되면 놀랍게도 그 자리에서 사랑, 자애, 연민이라는 씨앗도 발견된다. 그 씨앗을 키우기 위해 필요한 물과 햇빛이 마음챙김과 자애수행이다. 그 씨앗을 키우기 위해 물과 햇빛이 있는 곳으로 문을 열고 나와야 한다. 물을 주고 햇빛이 비치는 곳으로 옮겨 주는 행위가 수행이 겠다.

우리는 모두가 사랑받고 싶고 사랑하고 싶어 한다. 그렇지만 대부분의 사람들은 사랑을 하고 사랑을 받는 일을 제대로 하지 못해서 두려워하고 외로워한다. 스무 살에 연애를 시작했을 때 내 방식의 사랑을 갈구하다가 에리히 프롬의『사랑의 기술』을 읽었다. 진정한 사랑은 본능이 아니고 배워야 한다며 '관심, 책임, 이해, 헌신'을 훈련해야 된다고 쓰여 있었다. '내가 생각한 것과 사랑이 다르고 어려운 거구나' 하면서 나는 연애 상대가 나를 위해 이 네 가지를 해 주어야 한다고 생각했다.

지금 보면 나는 그때 안전과 생존이 더 필요했던 가엾은 사람이었다. 나를 아는 것이 관계를 알게 되는 시작이라는 걸 이해할 수 없던 시절이었다. 그 후에도 어떤 배움이 있을 때마다 상대가 해야 된다고 생각했다. 나를 바꿀 생각은 없었고, 가혹한 자기 비난이 나를 합리화시켜 주어서 엄청나게 반성하며 살아가는 사람이라고 나 자신을 생각했다. 그리고 그 스무 살에 '관심, 책임, 이해, 헌신'은 어려워서 엄두가 안 났지만, 헌신이란 단어는 특히 칼 같았다. 헌신을 하면 바로 내 심장이 찔려 죽을 거 같은 상상이 들었다. 나는 헌신은 절대 하지 않겠다고 결심했다.

어머니는 맨날 자신은 희생하고 헌신한다고 한탄하며 말했었다. 그래서 나에게 헌신은 칼과 동의어가 되었다. 어머니의 삶이 헌신이었다면 그것은 교묘하게 칼날을 쥐고 휘두르는 삶이었다. 칼을 쥔 손에서도 피가 흘러서 나는 공포에 질렸다.

어머니를 만나고 돌아오는 길에 '졌다'라는 단어가 마음에서 올라왔다. 그렇다면 나는 이제까지 어머니를 이기고 싶었을까.

노인이 된 어머니를 챙겨주려는 게 아니고 굴복시키려 노력하는 중이었단 말일까. 나를 자식으로 봐주기를 원하고 조금은 따뜻한 말을 듣고 싶었는데 포기하겠다는 뜻일까. 무엇을 졌다고 느꼈을까. 어머니라는 이름 앞에서 괴물이 아닌 사람이 되고 싶었던 내 정체성의 포기일까. 세상을 살아갈 수 있게 태어나게 한 인연이 감사한데 '졌다'라는 말이 네 에고의 항복이면 좋겠다는 생각도 들면서 '졌다'란 느낌이 허탈하고 기분이 나빴다. 지면 위험할 거 같아서 이기려고 아등바등 산 것을 의미하는가. '졌다'가 에고의 비명이었다면 저항을 내려놓으라는 메시지인가. 스님이 이러고 있는 나를 보면 어떤 감정이냐고 물으실 거다. 그리고 충분히 느껴보라 하실 거다.

'졌다'에서 느껴지는 상실감을 더 따라가 본다. 지금 저항하는 나를 가만히 바라본다. 문득 내 마음속에 철창 감옥이 있고 그 감옥 속에 어린 괴물이 하나 웅크리고 있는 것이 보인다. 나는 어린 괴물을 향해 나와도 된다고 말해 준다.

'이제 네가 가고 싶은 곳으로 가도 돼. 너는 이제 너의 숲으로 가도 돼. 어렸던 내가 너를 무서워하며 감옥에 가뒀구나. 나는 너를 품고 너를 숨기고 살아왔구나. 울지 말아라. 어린 괴물아, 나도 그때 너만큼 어렸고 너를 가두지 않으면 나중에 내가 큰 괴물이 될까 봐 너무 두려웠어. 그래서 나는 내가 늘 무서웠어. 너만 빼고 나는 속을 다 뒤집어 보여 주며 살았어. 너만 숨길 수 있다면 내 영혼도 팔았어. 어둠 속에서 너의 울음소리를 들을 때마다 나는 더 단단해졌어. 가엾고 가여운 너를 이제 내 감옥의 문을 열고 내보낸다. 그런데 이거 좀 봐. 너는 분홍색으로 반질거리는 아기 돼지로구나. 이렇게 귀여운 분홍색 아기 돼지를 엄마는 괴물이라고 그렇게 악을 썼다는 말이냐. 도대체 우리 엄마는 무슨 짓을 한 거냐. 숲으로 보낼 수도 없는 분홍빛 아기 돼지를 이제 나는 강아지처럼 키워야 되는 거니. 분홍 아기 돼지, 너는 이제 나의 마스코트가 되는 거니. 너는 그때 무서웠던 거야. 너는 아주 많이 아팠어. 아픈 건 치료받는 거야. 아무도 너를 욕하지 않아. 그럴 수밖에 없던 너를 지금부터라도 보살필 수 있어.'

"스포츠나 다른 기술과 마찬가지로 행복하기 위해서도 훈련과 학습이 필요하다"고 달라이 라마는 말한다. 진정한 사랑과 행복은 얼마나 많이 소유했느냐에 관한 이야기가 아니다. 자기 존재에 대한 깊은 이해와 깨달음에 대한 이야기이다.

먼저 내가 행복하기를 바라는 기도로 시작하는 아름다운 기도문을 발견했다.

내가 행복하기를,
나의 번뇌와 고통이 없어지기를 기도합니다.

내가 좋아하는 사람들이 행복하기를,
번뇌와 고통이 없어지기를 기도합니다.

살아있는 모든 생명들이 행복하기를,
번뇌와 고통이 없어지기를 기도합니다.

내가 싫어하는 사람들도 행복하기를,
번뇌와 고통이 없어지기를 기도합니다.

나를 미워하는 사람들도 행복하기를,
번뇌와 고통이 없어지기를 기도합니다.

Part 8

삶을 포용하기

우리는 천성적으로 완전하지 않은 인간존
재이다. 그러므로 우리 자신에게 관대하지
못할 이유가 없다.

보리수나무 아래로

• • •

다 커서 처녀가 된 딸을 마주쳐서 놀라지만 바로 껴안고 반가워한다.
(2022년11월7일)

지도자 과정 첫날 수업에서 고통이 자기 연민의 재료라는 이야
기를 들었고 고통의 느낌을 수용하는 중요성에 대해 들었다.

그리고 과정을 마치는 날 수업에서 무엇을 배웠는가? 하는 질문
에 내가 살아오면서 어쩌면 단 한 번도 불편한 감정을 제대로 받아들
여 본 적이 없다는 생각이 들었다. '한 번도 그 불편함에 머물러보지

못했구나.' 그 고통을 피하기 위하여 크게 웃었고 과장된 몸짓을 했고 즐거운 척했다는 게 선명하게 느껴졌다. '그래서 나는 쾌활 명랑한 성격이 되었구나' '내게 주어진 삶을 내 것이 아니라며 다른 삶을 달라고 소리친 것이 이제껏 60평생을 이끌어 온 에너지였구나.' 진짜를 보지 않고 내가 상상하는 좋은 것을 달라고 외치는 내가 보였다. 열정적으로 열심히 산다고 자부했던 삶의 민낯이 자기연민 자격 과정 마지막 수업 시간에 보였다.

한 번도 수용해 본 적 없는 내 운명이 저만치 쓸쓸히 서 있는 것이 보여서 그 손을 잡아 끌어당겨 보듬었다. '애썼어. 몰라서 그런 거야. 그때는 그것이 네가 아는 최선이었어. 이제는 도망치지 않아도 돼. 내가 지지해주고 위로해줄게. 내가 너의 곁에 있을게. 걱정하지 마.' 훌쩍 큰 딸을 보며 놀라고 반가워서 껴안는다는 건 이제 비로소 처녀가 된 나를 내가 처음으로 보듬어 준다는 것이다.

수업을 마친 소감을 나눌 때는 계획에 없던 남편 이야기가 갑자기 나왔다. "남편에 대한 생각이 달라졌어요. 나의 남편이라는 역할 이전에 한 인간으로서 존재 그대로 소중하고 존중받아야 될 사람이라는 생각이 들었어요. 특히 부부라는 인연으로 나와 긴 시간을 같이하며 나를 돌봐주었다는 사실이 고마워요. 누가 나를 위해서 이만큼 견뎌주고 도와주겠어요."

나 자신에 대한 보살핌과 친절하기를 배웠는데 결국 그 마음이 넘쳐나서 남편에게까지 옮겨간 것 같다. 남편이 알면 좋아하겠지만 말해 주지 않겠다.

이전에 친구들과 모여서 본인 이름에 원하는 단어를 하나씩 붙여보기로 했었다. 내가 '다정 옥희'라고 한순간 친구들이 다 웃으며 뒤로 넘어갔다. 나는 내가 다정한 사람이라고 생각했는데 친구들은 '시크 옥희'라고 했다. 그때 나는 정말 어리둥절하고 억울한 마음이었다. 그러고 보면 주관적인 나와 객관적인 나의 차이를 알고 인정하는 것부터 연민의 시작일 것 같다.

좋은 사람이고픈 얼굴도 가면이지만 가만가만 따뜻한 손으로 쓰다듬어 준다. 고통이 살고 있던 가슴에도 손을 올려 따뜻하게 토닥여준다. 나인 것처럼 가장하고 살고 있던 가면과 고통을 마주한다. 가짜인 그것들은 진짜 주인인 내가 알아차리는 순간 순식간에 사라진다고 했다. 배가 고파지면 고통은 먹이가 있던 곳에 다시 나타나겠지만 그 나타남을 바라보면 된다. 그들의 먹이는 비난과 불안과 자책하는 감정들이다.

다 살았다 싶었는데 나이를 먹어도 공부를 더하라고 우주가 돕는다. 남편과 딸과 편해지며 이제는 잘 살 수 있다고 느긋했는데 부모님의 이사로 내면아이가 드러났다. 아이는 자기를 놔두고 어디를 가냐고 발목을 붙잡는다. 여전히 내 어두운 방에서 주문처럼 속삭이며 비난하고 탄식하는 소리가 들린다. 사납게 일그러진 아이를 도저히 볼 수가 없어서 어머니에게 화살을 겨눈다. 아이가 이 지경이 되도록 방치한 당신은 어머니가 맞나요?

수행을 떠나는 수행자들은 자신을 괴롭히고 공격하는 주위 사람이 많기를 바랐다고 한다. 그래야 자신의 실체를 더욱 적나라하게 알게 되고 그런 자신을 바라보며 수행을 할 수 있기 때문이다. 나는 수행자로 살 의도가 없는데 내 삶은 왠지 수행인 거 같다. 이리 되었으니 나는 그저 흔들리며 피는 꽃이기를, 흔들리다가 꽃 하나 피우기를 바랄 뿐이다.

보리수나무 아래 앉은 싯타르타에게 마라가 나타나서 유혹하고 공격할 때 싯타르타는 "마라여, 나는 너를 본다"라고 고요하게 말했다고 전해진다. 그 밤이 지나고 샛별이 떠오를 때 싯타르타는 깨달은 사람, 부처가 되었다. 우리가 보리수나무 그늘로 가서 멈출 수만 있다면 그것이 마음챙김이고 자기연민이다. 부처님은 마라에게 차를 한잔 권했고 마주 앉아 차를 마셨다는 이야기도 있다.

태풍이 지나간 아침

• • •

새벽에 태풍이 올 거라는 일기예보에 문단속도 잘하고 바람 소리에 안 놀라게 마음도 단단히 먹고 잠들었는데 비바람이 살짝 지나가고 말아서 아침 하늘이 맑다.

옷을 입으려는데 벗어놓은 옷 사이에서 사마귀가 기어 나온다. "애갱, 애는 집 안으로 피신했네." 종이에다 올려서 소나무 가지에 놓아 주고 들어오는데 이번에는 화장실에서 작은 나비가 출구를 못 찾아 헤매고 있다. 호랑나비 무늬인 새끼 나비이다. 방충망에 붙어서 난리다. 나가는 곳은 반대이니 이리 오라고 외쳐도 소용이 없다. 개는 남편이 손으로 감싸서 밖으로 보냈다. 바람 끝이 남아서 살랑거리는데 거미 한 마리도 소나무 가지 사이에서 자리 잡느라 바쁘다. 다들 태풍 다음 날 아침이라서 바쁘다. 채 옮겨가지 못한 구름들도 파란 하늘 사이로 흘러가느라 바쁘다.

낮에는 십 년 된 마루를 뜯었더니 한쪽 구석에 지네 식구들이 오글오글 있다가 일하는 아저씨들한테 잡혀 죽었다. 좀 있다가 집 뒤에 우거진 철쭉을 베던 아저씨는 나뭇가지 뒤에 숨어 있던 큰 주먹만 한 벌집을 발견해서 약을 뿌렸다. 어쩔 수가 없다. "너희들은 무서워서 같이 살 수가 없어."

전등도 갈았는데 내 방에 반달 위에 토끼가 있는 전등을 달았다. 전등을 달던 아저씨가 "이 전등 다른 집들은 아기들 방에 달던데요." 하셔서 웃었다. 나는 아직 아기다. 육십 살 먹은 덜 큰 아기다.

저녁에는 큰 접시 하나를 떨어뜨려 와장창 깼다. 발 옆으로 떨어졌는데 하나도 안 다쳤다. 덕분에 구석구석 청소를 깨끗이 했다. 접시의 운이 다한 것이고 더 이쁜 접시를 새로 사라는 의미로 받아들인다.

우리 집 옆에 사는 고양이들은 나의 일거수일투족을 지켜보고 있는 거 같다. 설거지하다 돌아보니 데크에 앉아서 유리창으로 나를 바라보고 있는 고양이와 눈이 마주쳤다. 왜 그러고 있냐고 가까이 가도 움직일 마음이 없어 보인다. 일이 있어서 현관문을 열어놓고 잠깐 뒤 곁에 다녀오면 어느새 집 안에서 고양이가 후다닥

튀어나온다. 오 분도 안 되는 시간인데 보이지도 않던 애가 어느새 내가 없는 걸 알고 집에 들어왔다 나가는 것이다.

외출에서 돌아오면 마루에 앉아서 도망도 안 가고 나를 쳐다본다. "어쩌라는 거니? 나는 너희들하고 사귈 마음은 아직 없단다. 그래도 날씨가 추워지니 밖의 창고에다 담요 깔아 놨다. 잉. 문도 열어 놨고 잉. 이 집 주인아저씨는 너희들이랑 아는 척하지 말라고 했는데 겨울엔 너무 추울 것 같아서 걱정이 된단다."

외출하려고 차에 앉아 있는데 고양이 한 마리가 집으로 들어간다. 내가 나가는 걸 어디서 보고 있는 건지 진짜 신기하다. 내가 나가는 것을 보고 바로 들어서는 모습이 웃긴다.

연민의 두 날개

●●●

나는 새여서 날아야 하는데 지금 물 위에서 오리처럼 떠 있다. 이런
꿈을 며칠 전에도 꾸었다는 생각을 꿈에서 한다. '그때는 물속에서
헤엄치고 있었는데 이제 물 밖으로는 나왔네' 생각하며 잠이 깬다.
(2022년 6월 2일)

친구가 내 소개를 듣고 오대산 연민 프로그램을 다녀왔다며
전화를 했다. 수업을 받다가 어느 순간 남편에 대한 감사와 미안함
이 올라와서 그곳에서 한 시간을 울었다고 했다. 설명하기는 어렵

지만 미워하고 무시하던 남편이라는 존재에 대한 벅찬 감정이 갑자기 봇물처럼 터져서 눈물이 멈추지를 않았다면서 귀한 시간을 보내고 왔다고 했다. 미워하고 무시하던 자신의 한 부분을 연민하게 되고 위로했다는 말로 들려서 같이 감사했다. 그런데 또 다른 친구도 연민 수업을 받으며 남편의 소중함이 느껴져서 울었다는 소감을 들려 줬다. 나도 지도자 과정에서 남편이 한 인간으로서 존중받아야 마땅한 존재라는 것을 느껴서 울컥했었는데 모두 가장 가깝지만 갈등하던 사람에게 연민을 갖는 것이 신기했다. 자기연민 수업을 받고 남편 이야기를 하는 내가 특이한 줄 알았는데 비슷한 경험들을 하고 있었다.

요즘은 내담자들에게 꼭 자기를 비난하지 말라는 이야기로 마무리를 한다.

"지나간 날의 잘못이나 실수가 그때는 최선이었다는 걸 기억하세요. 그렇게 해서 살아남았구나, 애썼다고 위로해 주세요. 살겠다는 의지가 자신의 선한 의도였다는 걸 알아 줘요. 죽는 게 옳았을까요. 내가 살기 위해 그때 했던 행동, 먹었던 마음은 선한 의도예요. 그러나 지금 돌아보니 후회되는 거지요. 그때의 나를 지금 내가 용서해요. 토닥토닥 위로해 줘요." 이 말들은 지금도 여전히 나 자신에게 필요한 말이다.

그리고 여기서 정말 중요한 것은 우리가 따뜻한 연민의 태도를 획득하기 위해 분투해야 하는 것이 아니라는 것이다. 우리는 연민이 이미 우리 안에 존재하는 본성의 일부라는 사실을 깨달을 수 있어야 한다. 우리가 해야 될 일은 이 따뜻한 연민의 태도가 언제라도 우리의 의식에 드러나도록 하는 것을 잊지 않고 마음챙김 하는 것뿐이다.

엊저녁 꿈에서는 파도가 산더미처럼 몰려오는 바닷속으로 내가 갑자기 곤두박질치며 들어갔는데 내가 물이 된 건지 숨이 막히지 않았다. 다시 솟구쳐 나왔을 때는 큰 거미처럼 발이 많이 달린 형체로 변했다. 휘몰아치고 곤두박질치며 내가 여러 가지 생을 경험하는 것 같았다. 바닷속에서는 그저 물방울이었던가, 나라는 형태가 계속 바뀌고 있었다.

거미였던 적도 있었구나, 하다가 미국 애리조나주의 호피족 창조 신화에 삶의 의미를 발견할 수 있도록 도와준다는 거미 할머니가 생각이 났다. 생명의 보호자이며 긍정적인 여성성의 측면으로 나타나는 거미 할머니는 서로 협력하게 만들며 연민과 자비를 보여주는 할머니이다. 또한 어린아이들과 불행한 사람들을 보호할 것을 요구한다. 세도나 인디언 성지에 갔을 때 인디언 할머니를 꿈처럼 만난 기억도 나서 그때 할머니가 거미 할머니였을까 상상해 보았다.

오후에는 시장으로 가는 길가에 야채를 펼쳐 놓은 할머니가 누워 있는 것을 발견했다. 할머니를 깨워서 "이거저거 싸 주세요" 하고 보니 현금이 없다. 길에서 채소를 파시는 할머니들은 현금이 아니면 안 된다. 주섬주섬 담아놓고 "기다리세요. 돈 가져올게요" 하고 오 분 거리 은행을 다녀왔다. 가깝게 은행이 있다는 걸 알아서 다행이었다.

그러고 보니 좌판을 펼쳐 놓고 길에 앉아 있는 할머니들도 내 꿈에 곱게 앉아 있던 할머니들 같다.

이루어진 소망,
그 안에서 살아라

. . .

하지만 불행히도 계속해서 저택을 짓고도 그 안에서 살지 않는 것, 바로 이것이 인간의 공통된 잘못입니다. 여러분이 웅장한 저택 그 안에 들어가 살지 않는다면 왜 웅장한 저택을 짓는 것입니까? 왜 꿈같은 집을 짓고 들어가서 살지는 않습니까?

네빌 고다드의 말이다. 2~3일 전부터 유튜브에서 우연히 네빌 고다드를 접했고, 성경 구절과 연결하여 삶의 신비를 이야기하는 것이 흥미로워서 듣던 중이었다. 그런데 갑자기 네빌 고다드가 살지도 않을 거면서 집을 왜 지었느냐고 질문하고 있었다. 다시 듣기를 누르는데 작은 제목이 보였다. "이미 이루어진 소망, 그 안에서 살아라."

그 질문을 들은 날은 내가 십 년 전에 지어 놓고 비워 두었던 2층 주택으로 이사를 하고 난 직후였다. 이사를 하고 나서 버려 두었던 내게로 돌아왔다는 느낌이었고 집이 나를 기다려 주었다는 생각을 하는 중이었다.

이미 갖고 있는 소망을 알아보지 못하고 소망을 찾느라 집 밖을 헤매고 다니는 은유처럼 드디어 집으로 온 것이 기쁘기도 하면서 약간 어지럼증을 느끼고 있는 중이었다.

애를 써서 지어 놓고 보니 많은 짐을 들이기에는 좁은 것 같아서 별생각 없이 십 년 넘게 방치하게 된 집이었다.

높은 아파트에서 살던 익숙함에 땅과 가까운 집이 두려웠던 것 같다. 땅과 직접 만나는 것이 내가 밑으로 푹 꺼지는 것 같아 불안했다. 땅과 나 사이에 아직은 경계가 필요했다. 나는 땅을 직접 딛고 살 준비가 안 되었다. 그리고 중요한 것은 내가 들고 있는 살림살이들을 버릴 마음이 없었다. 그 살림들은 말 그대로 짐이라고 불리며 내가 만든 자아의식의 크기였고 나는 버릴 준비가 안 되어서 새집으로 들어가 살 수가 없었다.

그러다가 올가을 급작하게 이사를 하게 된 원인은 단순했다.

살고 있던 아파트 앞과 양쪽 옆으로 4차선 도로가 생기는 걸 보면서 차 소리와 먼지가 미리 걱정이 되었다. 그러면서 머리와 어깨가 아프면서 아파트가 불편해지기 시작했고 무작정 이사를 결정했다.

일주일 만에 아파트가 팔렸고 이사 준비는 주택의 앞 베란다를 밝은 장미 목으로 바꾸고 뒷마당에 조그만 창고를 하나 짓는 것으로 끝났다. 옷과 책을 2층으로 나눠 넣고 급하지 않은 물건은 창고에 넣었더니 걱정하던 짐이 너무 쉽게 해결되었다. 사실 두 집에서 나온 쓰레기가 트럭 두 대에 실려 나갔다. 그것은 내 삶이 쓰레기를 껴안고 살아왔다는 것을 고백하는 일이기도 했다.

이사한 집 내 방은 그 시절 원했던 대로 황토 흙벽과 자작나무로 지어져서 시간이 지난 지금도 황토의 붉은 색을 유지하고 있었다. 한 번씩 들여다보면 습기가 차고 곰팡이 냄새도 났던 집이라 걱정했는데 2주일쯤 청소하고 살아보니 아주 쾌적한 집이었다. 그저 사람이 살지 않고 온기가 닿지 않아서 차고 습해졌던 것인데 원래 잘못된 집이라고 싫어했던 것이다.

처음 한 일은 오래 열지 않은 서랍에 담겨 있어서 곰팡이가 핀 사진들을 버리는 일이었다. 아이들 어릴 때 찍은 사진들 몇 장만 빼놓고 결혼사진 앨범부터 태우기로 결정했다. 지내온 날들을 굳이 돌아보고 싶지도 않고 간직할 이유도 없어서 버렸다. 그래도 이쁘게 잘 나온 사진을 골라서 버리지 못한 것은 아직도 딱 그만큼 나라는 자의식에 대한 미련일 것이다. 이 기회에 나라고 하는 것까지 쓰레기봉투에 넣어 힘껏 버려 버릴 수 있었으면 좋았겠지만 말이다.

베란다에 널어놓은 빨래가 햇빛과 바람에 뽀송뽀송 마르는 것을 보며 뭔가 걱정하던 마음도 가벼워졌다. 햇빛을 담뿍 품은 빨래 위로 나비가 앉았다 가고 작은 벌레들도 내려앉아 아는 척을 했다.

이삿짐을 정리하는 며칠 동안 거실 창문 앞 은목서는 꽃을 피우더니 햇살 조각 같은 흰 꽃을 떨어뜨렸다. 작고 흰 꽃은 은은한 향기를 뿜어내고 베란다 바닥에 꽃무늬를 만들었다. 저녁 무렵이면 새들은 잎이 무성한 은목서와 금목서 가지들 사이에서 잠잘 곳을 다투는지 시끄럽게 재재거렸다. 나무속에서 새소리가 와글와글 난리도 아닌데 새는 안 보여서 새소리 내는 나무인 줄 알게 생겼다. 사진을 찍어 보려고 나무 앞에 섰더니 일순간 나무속이 조용해졌다. 내가 돌아서 올 때까지 조용했다. 저 나뭇잎이 저리도 무성한 이유가 새를 숨겨주기 위해서였구나.

가끔은 길고양이도 베란다를 가로질러 지나갔다. "너 뭐야?" 소리를 질러도 잠깐 멈춰서 흘낏 돌아보고는 유유히 걸어갔다.

나는 십 년이 지나서 마당이 있는 이 집이 따스하고 사랑스러워졌다. 이제 땅을 딛는 게 좋아졌다. 땅을 딛으니 폭신함과 안정감도 느껴졌다. 땅과 가까워지는 나이가 되어서일까 좀 더 있으면 딛고 다니던 이 땅에서 서서히 땅속으로 발부터 잠기고 결국 묻히게 된다는 생각까지 들었다. 땅과 친해지면 땅속에 묻혀 있는 육신이 흙이 되는 것을 바라볼 수 있을지도 모른다.

집 앞에 마주 보이는 둥글고 낮은 산에는 단풍이 담뿍 들었다. 곧 겨울이 되면 검은 가지로 쓸쓸하겠지만 봄을 품은 빈 가지의 시간을 바람과 구름이 함께할 것이라는 것도 알겠다. 나도 이 집에서 낮은 산과 마주 앉아 오고 가는 계절을 품고 둥글어질 것이다.

나는 이제 나에게 돌아온 것일까. 집에 도착한 것일까. 나는 이제까지 잠자코 나를 기다렸던 것일까. 오래된 기억 속에서 사랑하는 내가 떠오르는 중이다. 다른 데서 찾아다니고 있었던 마음이 문을 열어 주는 중이다. 연민으로 다정한 마음이 이제 새로 만난 나를 위해서 기쁘게 여러 가지 모습을 드러내는 중이다.

낡은 마음 수선하기

• • •

이사 온 집에서 한 달간 지내며 보니 군데군데 틈이 생기고 망가져 있다. 제일 좋아하는 내 방의 황토 방바닥도 여기저기 검은 실금이 가 있고 황토벽도 흙이 떨어지고 천장 벽지도 찢겨 있는 걸 발견했다. 처다보고 한숨 쉬며 고민하다가 한지 장판을 깔고 한지 도배를 하기로 했다. 황토색이 없어지는 것이 너무 아쉬웠지만 가만히 보고 있으니 이건 좀 말 그대로 벌거벗은 모양이구나 싶었다.

자연스러움은 좋지만, 흙이 떨어지는 것이 옛날에 벽지도 못 붙이고 살던 시절 같기도 하다. 조금 더 따뜻하고 포근하게 바꿔

보자며 한지 장판과 한지 벽지를 붙였다. 약간 황톳빛이 나는 벽지에는 진짜 나뭇잎이 군데군데 붙어있다. 떨어질 듯, 말 듯 하는 이파리도 매달려 있다.

거실의 천장과 벽 사이에 틈이 생긴 부분들도 실리콘 처리를 하고 덜 닫히던 현관 중문도 잘 닫히게 했다. 문이 원래 그런가보다 지나치는데 일하러 온 아저씨가 발견해서 고쳐 주고 갔다. 덜 닫히지만, 별수가 없는 줄 알고 모르는 척하던 중이었다. 이사 오기 전 수도꼭지 바꾸러 온 설비 아저씨도 현관문 옆에 자리 잡기 시작한 벌집을 발견하고 떼 주고 갔다. 하도 주인이 허술하니 일하시는 분들이 오가며 알아서 도움을 주신다.

같은 일을 해도 꼼꼼하게 챙겨서 굳이 본인의 일이 아닌데도 해결해 주는 모습이 하는 일에 대한 자긍심과 배려심이 느껴져 감사했다. 아직도 손 볼 곳이 한정 없는 것 같다. 현관 바닥 타일도 실리콘이 떨어져서 손을 보는 게 맞을 거 같고 지붕에 덧대진 목재 부분도 시커먼 부분이 보인다. 그러나 뭐 언제든지 고칠 수 있다는 걸 알게 되었고 고치면 깔끔해지는 걸 봐서 걱정되지는 않는다.

오래되어 여기저기 망가진 모습이 나의 상한 마음 상태 같기도 해서 쓸쓸했는데 아저씨들 덕분에 마음이 따뜻해졌다. 방치했던 내 마음도 이제야 둘러보니 망가진 부분들이 있지만 다 수선이 가능하다고 여기니 정말 다행이다. 이렇게 삭아가는 줄도 모르고 겉에 페인트 색깔만 보고 괜찮은 줄 알았다. 그러나 챙겨서 다듬고 수선하는 과정에서 다시 깨끗하게 보완되니 안심이다.

버려두었던 집에 이사해서 수리하는 일과 그동안 어긋나 있던 내 마음을 보살피는 글쓰기가 우연처럼 같이 시작되었다. 그동안 읽기가 어려웠던 마음챙김 책들도 마음이 새로워지니 이해가 잘 되었다. 예전에 '너에게 친절한 행위는 책을 읽는 것이다'라는 꿈속 목소리를 들었는데 좋은 책은 나에게 친절함을 일깨우는 선물이라는 걸 다시 알게 되었다. 내 책도 누군가에게 친절함을 느끼게 하는 책이 되었으면 좋겠다.

꿈 작업 과정을 썼던 『푸른 문』이 나온 지 일 년이 넘었는데 대구에서 꿈을 소중하게 여기며 공부하는 분들과 연락이 닿아서 만나게 되었다. 자신들의 꿈을 살피는 데 책이 도움이 되었다며 일부러 오셨다. 미뤄두었던 자신들의 꿈을 다시 정리해 보고 이해하는 기회였다고들 했다. 일 년이 지난 시간에 꿈 공부하는 분들 손에 책이 들어간 것도 신기했고, 꽃바구니까지 들고 일부러 진주까지 찾아와서 '감사했다, 잘했다'라고 말씀해주시는 그분들이 누군가 나에게 힘내라며 보내 준 천사사절단 같았다.

Part 9

아직도 가야만 하는 길

고통으로부터 우리 자신을 자유롭게 하는
방법은 결국 있는 그대로의 고통과 함께하
는 것이다. 고통에서 탈출할 수 있는 유일
한 방법은 그 고통을 통과하는 것이다.

다시 공사 중

● ● ●

공사하는 길이지만 가까운 길이어서 공사 중인 곳을 간다. 아버지와 아기를 만나서 아기를 보듬고 예뻐한다. 길에서 일하던 남자가 잡아 줘서 둑으로 올라서고 긴 둑길을 걸어간다. (2022년 12월 1일)

늘 다니던 산길에 절을 짓는 중이다. 보건교사인 경미 샘이 직장을 그만두고 절에서 근무할 거라고 한다. 한쪽에 작은 우물을 파는 중인데 물이 아직 안 나와서 내가 흙을 더 파는 거였는지, 올라오는 물을 한 바가지 뜨는 거였는지 잠이 깨고 나서 헷갈린다.
(2022년 12월 5일)

꿈에서도 집을 수리하고 다니던 길은 공사 중이고 다니던 산길에 절을 짓는다. 관계가 나빴던 딸과 서로 격려하는 사이로 회복되어 한시름 놓았는데 나의 어머니와 연결되어 내면아이가 문제를 일으켰다. 내가 연민과 자애도 할 수 있는 사람이라며 으쓱하고 내 안의 나쁜 아이도 엄청 보살폈는데, 가는 길이 아직도 공사 중이다. 마음은 여전히 계속 공부가 필요하다.

그런데 다행인 것은 절을 짓고 우물도 파는 것이다. 가던 길 멈춰 서서 물이 찰랑찰랑 차오르도록 더 깊게 파야 한다는 말인 것 같다. 아버지와 같이 아기를 예뻐하는 것도 전환인 거 같다. 어린 나를 못생겼다고 놀린 아버지였기 때문이다. 꿈에서라도 섭섭한 마음에서 내려놓는 것 같아 반갑다. 어려운 일이라 여겼는데 매듭이 하나씩 풀리는 게 신기하다. 결국 부모님이 아니고 내가 풀어야 할 나의 문제라는 것을 머리로는 알겠다. 내 책임으로 하는 것이 너무 어려운 일이었는데 내가 할 수 있는 만큼 풀어가려는 중이다. 부모님이 진주로 이사 오지 않았으면 문제인지도 모르고 죽을 참이었는데 어머니의 말과 행동 하나하나를 못 견디어 하는 것을 알게 되었다. 어머니와 내가 서로 고통을 만들어 그 고통의 기운으로 부딪히고 있다는 것을 알게 되어 지켜보는 중이다.

경미 샘은 올가을에 살구와 살구잼을 한 보따리 들고 3, 4년

만에 다녀갔었다. 주황색으로 잘 익은 살구와 쨈이 경미 샘의 상큼한 마음 같아서 샘도 살구도 같이 반가웠다. 자신이 힘들었던 시기를 『기적수업』 책을 함께 읽으며 잘 건너왔다고 하며 감사하다는 말을 전하러 왔다. 나도 회원들이 없었으면 읽을 엄두도 못 냈을 두꺼운 책을 함께해서 십 년 동안 읽을 수 있었다며 웃었다.

책에 하나님이란 말이 나와서 기독교적인가 싶지만, 내용은 거의 불교 경전 같은 책이었다. "세상 만물에 불성이 있다"는 말처럼 "예수 그리스도는 모든 사람에게서 그리스도를 발견한 예수라는 이름을 가진 사람이다"로 시작하는 책이었다. 그래서 우리 이름 뒤에도 경미 그리스도, 옥희 그리스도가 가능하다며 즐거워했었다.

지나놓고 생각하면 지금은 못 하겠다 싶은 일 중 하나가 10년간 수요일마다 같은 책을 읽었던 일이다. 책의 영성하고는 반대인 에고 이야기만 하다가 파할 때도 있었고 누구 하나 잡아서 미워하다가 끝날 때도 있었다. 그래도 10년을 『기적수업』 책으로 마음공부를 하며 모였으니 좋은 시간이었다. 인도 경전의 아름다운 상징과 추상적인 표현에 매료되어 있다가 엄청나게 논리적으로 설득되는 거 같아서 좋았던 기억이 난다. 뭐 대단히 설득당지는 못하고 내 건방진 마음만 확인하였지만 이해의 폭은 좀 넓어졌다.

경미 샘 덕분에 "용서만 존재하고 공격은 망상이다"라는 기적

수업 내용이 생각났다. 어머니가 나를 공격하며 몰아세운다고 여기는 건 여전히 어린 내가 죄를 지었고 벌을 받아야 된다는 나쁜 아이가 펼치는 망상이다. 나쁜 아이는 항상 자신이 아닌 누군가에게 부당한 공격을 받는다고 여긴다. 그래야 나쁜 아이의 고통이 정당화되기 때문이다. 이제는 어머니 대신 스스로 내면 아이를 공격하고 고통스러움을 정당화한다. 그런데 결국 상처받는 사람이 내가 된다는 모순에 도달한다. 화는 다른 사람에게 던지기 위해 잡은 달구어진 뜨거운 석탄이기 때문이다. 오죽하면 다른 사람을 죽이려고 내가 마시는 독약이라는 말로 표현하기도 한다.

결국 고통을 겪는 사람은 나 자신이므로 내가 나를 공격한다는 것만이 진실이 된다. 어머니하고 관계했던 이야기는 이미 과거에 끝났고 내 속에 나쁜 아이가 남아서 스스로 구박하며 고통이라는 에너지를 먹이로 살아가고 있다.

"아이야, 거기 숨어 있지 말고 이리 나와 봐. 너는 나쁜 아이가 아니야. 너는 죄를 지은 적 없고 벌을 받을 이유도 없어. 너는 오래되고 힘든 감정 덩어리를 먹을 필요가 없어. 맛있는 아이스크림을 사줄게. 내가 너를 안아줄게. 너는 순수하고 어여쁜 천국의 아이란다. 내가 항상 네 편이 되어줄게."

"내가 안전하기를,

내가 있는 그대로의 삶을 수용하기를."

신성한 멈춤

...

어스름한 방에 혼자 있다가 나왔더니 우리 옆집과 뒷집의 울타리가 없어지고 세 집 마당이 하나로 넓혀져 있다. '이게 뭔 일이래?' 어리둥절하고 있는데 옆집에 시집간 딸이 와서 한 일이라고 한다. '근데 주차장이 없어져서 어쩌나?' 생각하는데 모두들 모여 우리 집 안방에서 잔치가 열렸다. 최후의 만찬 그림처럼 옆으로 긴 상을 앞에 두고 웃고 떠든다. 퇴근한 남편도 앉아서 주차장이 없다고 걱정을 한다.

(2022년 12월 20일)

옆집에 시집간 딸이 와서 옆집과 뒷집까지 세 집 마당을 터서 넓혀 놓았다. 며칠 전 꿈은 공사 중이더니 마당을 만들었던 모양이다. 다들 기뻐해서 좋은 일인 거 같은데 남편과 나는 주차장까지 마당이 되어 버려서 걱정이다.

90살이 가까워진 아버지를 규칙적으로 산책시켜 줄 요양보호사님이 필요한데 어머니가 반대해서 보호사님이 아버지를 데리고 날마다 우리 집으로 오기로 했다. '마당이 있는 집이니 걷기도 하고 햇볕도 쬐고 점심을 먹고 돌아가면 시간이 딱 맞겠다' 그런 생각을 하던 중에 꾼 꿈이다.

오늘 아버지가 오셨는데 긴장되고 놀란 표정이었다. 이사 오기 전의 우리 집으로 가던 길을 기억했는데 반대편으로 가서 놀랐다고 했다. 어디 요양소에 데려다 놓으러 가는 줄 알았던 모양이었다. 칼칼하던 성질은 다 어디로 가고 버려질까 벌벌 떠는 모습이 가엾다. 나는 부모님과 삶을 돌아보고 죽음을 준비하는 이야기를 나누는 그런 우아한 관계를 상상했다. 그러나 부모님은 두려움에 가득 차서 전혀 이야기를 나눌 생각이 없는 거 같았다. 부모님을 우아하게 돕는 사람이 되어서 칭찬받고 싶었는데 사실은 내가 더 보살핌이 필요한 아이였다는 생각에 서러워져 버렸다.

주차장은 마음이 멈추지 못한다는 뜻이구나 싶다. 마음이 넓어지고 잔치까지 열려서 신나지만, 주차장 걱정에 나는 잔치를 즐기지 못한다. 주차장은 습관적인 내 사고방식을 멈출 수 있는 공간이라는 뜻일 것이다.

이웃과 함께하고 마당이 넓어졌지만, 여전히 분주하다. 애쓰는 내가 아닌 연민하는 내 공간이 필요하다. "신성한 멈춤이 가능할 때 분투와 집착에 빠진 우리가 지금 여기에 존재하는 신비로 돌아온다"고 타라 브랙은 말한다. 멈춤을 반복해서 연습함으로 연민이 쉬워지고 내면에서 일어나는 화, 두려움, 불안을 보살피는 경험을 하게 된다. 잘못되었다는 의심이 생길 때도 신성한 멈춤은 연민으로 돌아오게 돕는다. 나에게 생각을 멈추고 쉴 수 있는 공간이 필요하다고 꿈의 목소리가 강조하고 있다. 더 잘해야 한다는 맹목적인 불안이 여전히 자기 비난을 하게 하고 내 스스로를 우리 집에서 잔치가 열렸는데도 잔치에 초대받지 못한 사람처럼 느끼고 있다.

생각을 멈추고 내면에 집중할 때 나의 어떤 부분을 자각하게 된다. '지금 나에게 무슨 일이 일어나고 있는가, 정말 그것이 나의 진실인가?' 스스로 질문할 수 있어야 한다.

마침 요양보호사님이 음식을 잘하시는 분이어서 아버지 점심 식사를 맡아 주기로 했다. 나의 평생 로망이 하얀 커튼이 휘날리는 창문 옆에 근사하게 차려진 식탁을 향해 이층 계단에서 내려오는 거였다. 영화에서 본 그 장면은 이루어질 수 없는 정말 로망일 뿐이었는데 갑자기 음식이 차려진 식탁을 보며 이층을 내려오게 되었다.

앉아만 있는 아버지가 산책도 하고 점심도 드실 수 있도록 궁리를 한 일이었는데 나의 오랜 로망의 실현까지 일어났다. 드넓은 창문에 하얀 레이스 커튼이 휘날리지는 않아도 맛있는 음식이 차려진 식탁의 소원이 이루어졌다. 동화책에서 읽은 원하는 음식이 차려지는 요술 식탁이 나타난 거 같다.

그림자 여자

• • •

차를 세워놓고 계단을 내려가서 좋아하는 래퍼가 여자랑 살고 있는 집에 함께 들어간다. 몇 명의 팬들이 모여서 작은 파티가 열렸다. 특별히 래퍼 옆에 가까이 앉아서 설레는데, 그가 작은 잔에 아이스와인을 따라 주어서 한 모금 마신다. 와인이 남아 있는 병을 나에게 마시라고 주지만 나는 와인을 더 마실 맘이 없어서 도리어 와인을 그의 잔에 따라 준다. 그가 앞으로 나가서 랩을 시작하고 모두 즐겁다. 그런데 나는 다른 방에 있는 여자가 우리 때문에 나오지 못하는 거 같아서 신경이 쓰인다.

(2022년 12월 22일)

이전에 함께 공부하던 상담소에 사람들이 오랜만에 모였다. 수진이가 여기가 너무 허름해 보인다며 이전에 공부할 때는 여기가 반짝거리고 근사한 곳으로 보였다며 이제 눈이 뜨인 것 같다고 한다. '마음이 성장하고 변화하면 같은 장소가 달라 보일 것 같아요. 장소는 똑같은데 보는 마음이 달라진 거지요'라고 대답하며 나의 부족함을 지적받는 거 같아서 속상하다.

(2022년 12월 23일)

좋아하는 래퍼를 보려고 내년 2월에 광주에서 열리는 공연 티켓을 예매하고 잠이 들었는데 그 래퍼의 집에 초대받은 꿈을 꾸었다. 실제로 그는 미혼인데 꿈에서는 좋아하는 여자랑 살고 있다. 나는 그 파티에서 처음에는 설레다가 나중에는 다른 방에 있는 여자가 신경 쓰여서 즐겁지 않다. 마음의 방 하나를 차지하고 있는 그림자 여자가 여전히 있다는 걸 알게 된 꿈이다. 여자는 내가 행복한 걸 방해하는 숨겨진 그림자 성격이다. 원래 이전부터 자주 나타나던 여자인데 모습이 분명해졌다.

남편에게는 늘 나 말고 좋아하는 여자가 따로 있는 거 같았다. 꿈 작업은 그것이 사실이 아니고 내가 만드는 망상이라는 걸 알려주었다. 그 망상의 결과는 어디에 가든 남편 옆에서 새로운 여자를 발견하게 했었다. "이 남자랑 너는 결혼할 수 없어" 말하며 벽으로 스며들던 흰 원피스를 입은 작은 여자 꿈이 생각난다. 내 안에 살고 있는 그 여자는 어머니의 얼굴이다. '니 맘대로 될 거 같니? 너는 누릴 수 없어' 속삭이는 소리가 내 안에서 들려온다. 꿈에서 결혼은 아니마와 아니무스의 통합을 의미하는데 방해하는 여자가 귀신처럼 스며들었다는 것이 이해가 된다. 그림자는 강력한 에너지체여서 꿈속에서도 나타났지만, 현실에서도 나타났다.

한밤중에 맨발로 계단을 내려가는 여자, 거울 속에서 발길질에 쓰러지는 여자, 벚꽃 나무 아래 속옷을 벗는 여자, 잠든 아기를 돌아보며 창문을 여는 여자, 목이 달려야 할 곳에 못이 박힌 여자, 양쪽 겨드랑이에서 날개가 자라는 여자 모두가 내 안에서 살고 있다.

나랑 공부하던 장소가 "대단한 줄 알았는데 이제 보니 아무것도 아니다"고 폄하하는 말을 들으며 민망하고 속이 상했다. 수진이도 나를 깎아내리고 있는 나의 부분이다.

타인이 나를 판단하기도 전에 미리 내가 나를 판단해 놓고 타인의 시선을 두려워하는 걸 깨닫는 중이었다.

상대가 나에 대해 오해할까 봐서 전전긍긍하고 그 긴장 때문에 상대방이 불편하고 싫어지는 걸 지켜보는 중이었다. 지켜보니 그

수렁 같은 감정에서 기어 나오는 내가 보였다. 빠져나오니 아무 일도 없던 것처럼 편안했다. 연락이 오기를 기다리며 힘들었는데 기대를 접자 놀랍게도 연락이 왔다. 그러나 이제는 내가 기대하고 나 혼자 실망했다는 것을 알게 되어서 편안했다.

상담소라는 공간은 변한 것 없이 그대로지만 보는 사람의 생각이 바뀌었을 뿐이다. 생각은 늘 바뀌며 변하는 것이고 분주한 마음을 바라보고 자각하는 내가 진짜 나이다. 흐르는 생각들을 알아차리면 빛나기도 하고 허름하기도 한 나는 하나이다. 다만 내 마음과 생각이 오락가락하며 괴롭기도 하고 기쁘기도 하다.

흔들리는 생각을 지켜보고 좋고 나쁨을 판단하지 않을 때 진정한 내가 된다. 판단이 없으면 비난도 없다. 수진이 또한 판단하는 나의 부분이다. 그런 나를 알아차린다.

'거기 내내 혼자 있었구나. 다른 사람들이 즐거워하는 소리를 들으면서 숨어 있었구나. 이제 혼자 슬퍼하지 마. 내가 너랑 같이 놀 거야. 아무도 너를 미워하지 않아. 너는 지금 그대로 착하고 예쁜 사람이야.'

"우리는 각자의 여정을 가는 중이고 잠깐 정지신호 앞에서 함께 멈춰 선 거예요. 신호가 바뀌면 각자의 길을 가는 게 너무 당연하지요." 스님의 말씀을 들으며 미련으로 서성이던 마음이 갑자기 환해졌다.

나를 죽이고 싶어 하는 자들

• • •

한 해의 마지막 날 오후에 계단 하나를 미끄러지며 서 있던 채로 주저앉았다. 엄청난 충격과 빠삭하며 부서지는 소리를 온몸으로 들었다. 그 부서지는 소리가 천둥소리처럼 들려서 엉덩이뼈가 부서졌구나 싶었다. "하느님 신이여"를 부르며 신음이 저절로 나왔다. 그 순간 생각나는 신의 이름을 다 부를 참이었는데 생각나는 이름이 없어서 부르지를 못했다. 난간을 붙잡은 채 내가 일어설 수 있을까 천천히 힘을 주는데 다행히 일어서졌다. 계단도 내려올 수 있었다. 일단 걸을 수 있다면 다행이란 생각이 들었다. 걷는다는 평범한 사실이 이런 순간에 중요한 진단이 된다.

병원에 가서 생각보다는 심하지 않은 꼬리뼈 골절을 확인했고 날짜가 흐르면서 힘의 불균형으로 다리도 아파지고 허리도 아파졌다. 통증이 심한 사람은 꼬리뼈를 도려내는 수술도 받는다고 한다. 그만큼 없어도 되는 뼈이지만 우리가 몰라서 그렇지, 몸을 이루고 있는 이유가 틀림없이 있을 것이다. 아니면 그저 퇴화된 뼈처럼 지금은 아무 유익이 없는 옛날 기억으로 괴로워하는 나를 가르치기 위한 것이었는가.

여러 가지 생각이 올라왔다. 계단을 다니며 왠지 불안해서 미끄럼방지 패드까지 붙였고 엄청 조심했는데 손님이 오기로 해서 널려 있는 옷을 치우며 약간 방심했다. 주저앉은 자리는 시바 신의 그림과 고대 사원 그림을 세워 놓은 굽어진 공간이었다. 좀 멈춰서 제발 앉아보자 하던 그 공간이었다. 생각만 하고 멈추지 못하던 그 공간과 맞닿은 계단에 불가항력으로 주저앉았다. 주저앉아서 다친 몸이 부서졌나 싶은 두려움으로 다급하게 신을 불러야 했다.

다음 날 보니 마루 틈이 벌어져 있다. 빠삭하고 부서지던 소리가 골절되며 몸 안에서 울린 소리인 줄 알았는데 마루가 갈라지며 내는 소리였던가 보다. 충격을 흡수하며 갈라진 마루를 보며 내가 진짜 부서질 뻔했구나 싶고 나를 또 살려줬구나 싶다. 새해에는 여기 이 자리에서 꼭 멈추라는 메시지일 것이다.

우연히 켠 텔레비전에서 〈나를 죽이고 싶어 하는 자들〉이란 영화제목이 마음을 끌어서 중간부터 보게 되었다. 어머니는 병으로 죽고 아버지는 아이에게 중요한 서류를 부탁하고 아이의 눈앞에서 살해당한다. 서류는 권력의 비리를 밝혀 줄 증거이다. 아이는 목숨과 임무를 위해 숲속을 벗어나기 위해 도망치기 시작한다. 총을 든 추격자 두 명에게 쫓기지만 우연히 만난 여자 소방관의 희생적 도움으로 아이는 살아남는다. 나는 왠지 오늘 목숨과 임무를 갖고 도망가는 아이와 같은 심정이다. 산을 태우는 엄청난 불길과 공포를 건너 살아남고 싶다. 친부모는 죽고 새로운 보호자인 소방관을 만나듯 에고의 부모는 죽고 용기와 희생으로 연민하는 사람들 사이에서 살아가기를 소원한다. 아이는 어디에서나 희망이고 새로운 세상이고 창조의 상징이다. 영화에서는 항상 아이를 살리기 위해 기존의 사람들은 죽는다. 아이는 혼자 남아서 새로운 세계를 만들어 간다. 우리는 모두 아이이고 세계이고 임무이고 희생이고 창조이다.

진짜 얼굴

●●●

바퀴 끼우려고 핸들과 브레이크를 빼놓은 자동차에 존경하는 선생님을 태워 큰 병원 건물 같은 목적지에 내려주고 나도 내린다. 핸들도 없고 브레이크도 없는 자동차는 쉽게 목적지에 도착했다. 나는 새 핸들을 파는 곳이 있나 두리번거린다. 친구들이 공동구매로 스웨터를 산다는데 나는 사지 않는다. 연보라색이랑 연푸른색 스웨터가 좋아 보여 살 걸 그랬나 아쉽다. 병원 복도에서 흰 가운을 입고 있는 남편을 만나 엊저녁에 어디서 놀고 왔느냐고 얼굴을 손톱으로 할퀴니 상처가 생긴다.

(2023년 1월 5일)

자동차 핸들은 방향을 잡는 물건이다. 새로운 핸들과 브레이크로 바꾸려고 이전에 사용하던 것은 일단 제거했는데 새로 갈아 끼우지 않고 자동차가 그냥 출발했다. 이전처럼 내 마음대로 통제할 수 있는 자동차가 아니고 두 손을 놓은 채 서 있고 알아서 멈춘다. 요즘 이전처럼 자기 비난은 하지 않지만, 연민과 자애를 새로 장착하지 못한 것을 나타내는 것인가 생각해 보았다.

핸들과 브레이크가 없다는 것이 내 주관이 아닌 어떤 큰 흐름에 맡긴다는 의미일까? 문제없이 목적지에 도착하는 걸 보니 그냥 걱정하지 말고 흐름을 타고 있으면 된다는 말일까 싶기도 하다. 자동차는 목적지에 스스로 도착했기 때문에 굳이 내가 방향을 정할 필요가 없었다. 자동차에 태운 선생님이 "아이를 대하는 어머니의 양육 태도가 아이의 성격을 만든다"는 대상관계이론을 가르치는 분이라는 게 중요하겠다는 생각도 난다.

남편 얼굴을 할퀴는 꿈은 세 번째 연결되는 꿈인데 이번에는 상처가 생기는 진짜 얼굴이다. 송곳을 사용해도 상처가 생기지 않던 얼굴과 손톱이 들어가지 않던 얼굴에서 상처가 생기는 얼굴로 변했다. 가면을 벗어서 부드러운 맨얼굴에 상처가 생겼다. 상처라는 단어와 연결되어 상처받는 걸 두려워한 내 모습이 알아차려졌다. 아직도 나를 두고 가는 남성의 꿈은 내가 만나기 어려워하는 내면아이의 상처와 연결되어 있다는 느낌이 날카롭게 휙 지나갔다.

남편이 나를 버리는 꿈이 구체적으로 내면아이의 상처를 피해서 도망 다닌 나였음을 불현듯 알게 되었다.

내가 나를 배신한다고 해석했던 버림받는 꿈은 구체적으로 내면아이를 피해 다니는 꿈이었던 것이다. 내면아이의 상처를 대면했더라면 다른 사람들에게 잘 보이려고 영혼을 파는 일이 없었을 것이고 보살핌이 필요한 아이의 욕구를 살펴줄 수 있었더라면 가면을 쓸 필요가 없었을 것이다. 송곳으로 찔러도 상처 나지 않던 얼굴은 내면아이의 두려움이 만든 질겨진 가면이었던 것이다.

진짜 얼굴은 모든 사람에게 좋은 사람이 될 수 없다는 것을 인정하는 얼굴이다. 버려지는 아이가 되는 게 무서워서 내 편이 되어달라고 읍소했던 관계들을 모두 포기하는 얼굴이다. 이제는 상처를 두려워하지 않고 스스로 연민과 위로를 보낼 수 있다는 것을 믿는 얼굴이다.

상처를 대면하고 자신으로 살아가기보다는 좋은 사람의 가면을 만들어 자진해서 사용당했다. 나의 욕구는 부정되었고 가짜 얼굴이 되었다. 비로소 상처가 생긴 얼굴이 흘리는 눈물만이 진짜 눈물이다.

결국 그토록 피해서 도망쳐 다닌 실체가 상처투성이 내면아이였다는 것을 알게 된 날이다. 좋은 사람으로 살기 위해 자신을 혹독하게 대했을 때는 알아낼 수 없던 깨달음이다. 나쁜 아이일 수밖에 없음을 이해하고 친절하게 대하기 시작하자 진짜 얼굴이 나타났다. 다시 또 상처받는 것이 너무나 무서웠던 아이의 맨얼굴이었다. 그 얼굴을 두고 모른 척하기 위해 온 사방으로 헤매 다녀야 했던 나의 두려움을 이해한다. 그리고 남편의 두려움도 이해한다. 그도 나와 너무나 똑같은 사람이었다. 버려질까 두려워하고 보살핌이 필요했던 두 아이의 실체를 이제야 진심으로 깨닫는다. 늦은 거 같아서 아쉽지만, 지금이어도 괜찮고 괜찮다.

　여성들이 온전한 존재가 된다는 것은 자신의 자율성을 회복한다는 말과 동의어이다. 여성은 가부장적 제도의 성취를 자신의 것인 양 잘못 받아들여서 영혼을 잃어 버리는 대가를 치르기 때문이다. 알아차리어 보니 자동차 핸들은 내가 가고 싶은 곳으로 이미 방향을 정하는 습관과 같은 의미이기도 하다. 내가 익숙한 손을 사용하여 내가 하려는 것을 그만두었을 때 불가항력적인 일이 일어났다. 두 손을 놓고 있었을 때 저절로 도착한 곳은 병원이었고 상처가 생기는 진짜 얼굴이 거기에 있었다. 진짜 자율성은 작은 나의 의지가 아니고 흐름에 맡길 때를 말한 것이다.

　'진짜 얼굴'이라는 말을 하고 나니 '진짜 손'과 겹쳐 생각이 떠올랐다. 손 없는 소녀가 집을 떠나 숲으로 들어가는 것은 진정한 자율성을 찾기 위한 행동이었고 손이 잘린 상태는 혼자서는 아무것도 할 수 없는 상태를 뜻하는 은유였다. 왕궁을 떠나 두 번째 숲으로 들어갈 때도 소녀는 홀로서기 위한 삶을 선택한 것이었다. 그 홀로 있음이 그녀의 은 손을 진짜 손으로 살과 피까지 완벽하게 회복시켜 주었다. 드디어 자율적으로 자신의 손을 사용하여 자신의 일을 할 수 있게 된 것이다. 그 손이 회복되는 계기는 아이를 구하기 위해서 붙잡을 수 없는 은 손을 내밀었을 때였다. 붙잡을 수 없는 손이 아이를 붙잡아서 구원했고 그 순간 엄마도 구원되었다. 진짜 손이 회복되며 살아있는 것들 속에 하나가 되었다.

에필로그

• • •

아이와 엄마가 미동 없이 의자에 앉아 서로를 마주보고 있는 한 장면만 또렷하다. (2023년 1월 24일)

적에게 잡혀 있던 왕비와 아이가 나오는 이전 꿈이 생각났다. 유모의 배신으로 탈출하지 못한 그들이 고대로부터 박제되어 있다고 이해했던 그 꿈과 같은 느낌이었다. 병사도 보이지 않고 창살도 없는 방 안에서 엄마와 아이는 여전히 꼼짝하지 못하고 있다. 그들은 그 자리에 그렇게 앉아서 움직이지 않고 있다. 엄마와 아이는 서로 몸을 바꿔가며 지금까지 움직이지 못하는 꿈을 꾸고 있는 중이다. 탈출을 방해하던 유모는 그들이 갇혀 있기 위하여 필요한 꿈속 인물이었다. 스스로 일어나지 않기 위하여 문을 열고 나오지 않기 위하여 우리는 두려운 꿈이 필요했다.

책의 마무리를 하지 못하고 이집트 여행을 갔다가 오백 년 간 수도였던 룩소의 호텔 방에서 꾼 꿈이다. 잠에서 깨어나며 잊었던 동생이 생각났고, 어머니의 잔혹함을 느꼈고, 똑같이 나의 잔혹함을 느꼈다. 나의 잔혹한 면을 보지 않기 위해 어머니를 미워하는 내가 느껴졌다. 어머니에게 내 잘못까지 뒤집어씌우고 있는 한 내가 영원히 해방될 수 없다는 것도 알 듯하다. 동생을 잊어버리고 내가 행복하면 안 된다고 속삭이는 소리도 여전히 들려서 무서웠다.

어머니와 아이가 마주 보며 앉아 있는 그 방을 나오는 것이 너무 어렵게 느껴져서 슬펐다. 동생 아벨을 죽인 카인처럼, 형 오시리스를 죽인 셋트처럼 나도 영원히 벗어날 수 없는 운명에 빠진 것 같이 느껴졌다.

우는 나를 보더니 남편이 같이 울었다. 같이 우는 사람이 있어서 조금 마음이 가라앉았다. 창밖으로 보이는 나일강에 오래된 해가 처음인 듯 떠오르고 있었다.

며칠째 사천 년 전 만든 신전들을 돌아보는 중이었다. 죽은 남편 오시리스의 살점을 모아 부활시키는 이시스 여신과 아버지를 죽인 삼촌 셋트에게 복수하는 호루스 그리고 인간을 죽이는 세크메트의 신화를 신전 벽화로 보고 돌아와서 잠이 들었다.

세크메트 여신의 살인을 저지하기 위해 피같이 보이는 붉은색 술을 먹게 하고, 정신을 잃은 세크메트가 깨어났을 때는 자신이 저질렀던 일을 잊어버렸다는 이야기가 마음에 남았다. 어머니 여신의 위임으로 시작된 인간에 대한 파괴였으나 재미가 들린 세크메트가 멈추지 않아서 어머니는 딸이 피로 오인한 붉은 술을 마시게 하여 사랑의 여신인 하토르로 돌아오게 했다는 신화였다.

하토르 여신이 갖고 있는 파괴와 사랑의 두 가지 부분이 나쁨과 좋음으로 나누는 우리 마음이란 생각이 들고 정신을 잃었다가 깨어났을 때 사랑의 여신 하토르로 회복되는 신화가 우리에게도 당연하고 가능하게 일어나야 하는 이야기로 들렸다.

내가 과거의 죄책감에서 벗어나고 싶다는 이야기라면 사람의 피 대신 마실 붉은 술이 필요하겠다. 나는 여기에서 붉은 술을 위로와 친절함과 연민으로 대체하고 싶다. 자기연민 프로그램에서 좋아하는 과정이 있는데 그것은 힘든 상황에 있는 집단원에게 하는 지도자의 부드러운 질문이다.

"죄책감과 슬픔이 느껴지는 몸의 부분을 느껴보세요. 그곳에 지금 느끼는 감정들이 머무를 수 있도록 허용한다면 어떻게 느껴질까요?"

그 질문은 그 순간 감정에 머무르게 하고 도망가지 않게 도와준다. 어쩌면 눈물이 고이며 마음이 편안해질 것이다.

자신을 항상 비난해왔기 때문에 나에게는 결코 하지 않았던 것들ㅡ나를 안아주고, 내 잘못이 아니라고 말해주고, 나한테 어떤 사람도 그런 부당한 일을 할 권리는 없다고 위로해 주면서ㅡ 나는 마음 놓고 울 수 있고, 처음으로 내가 괜찮다는 안도감을 느낄 것이다. 그때는 죄책감을 느끼고 화를 낼 필요가 있었다. 지금은 여기에 머물러서 나를 위해 울고 연민할 때이다.

붉은 술은 감정을 느끼고 수용하고 위로하며 화와 슬픔을 대면하게 할 것이다. 나는 복수와 질투에 사로잡혀 살인하는 세크메트이고, 하토르이고, 카인이고, 셋트이다. 그래서 그날 그 하룻밤과 붉은 술이 필요하다.

이집트에서 십 년을 살았다는 가이드 언니가 "알렉산드리아 관광은 사라져버려서 보이지 않는 것을 보러 가는 것이다"란 말을 했다. 지금은 없어진 것들이 있던 자리에서 상상한 만큼 볼 수 있다는 말 같아서 나한테는 알렉산드리아만이 아니고 이집트 전체에 대한 은유로 들렸다.

알렉산드리아에서 사라진 것은 세계 최초의 등대와 고대의 도서관이었다. 등대가 있던 자리는 성이 세워져 있고, 도서관 자리 옆으로는 현대식 도서관이 또 멋진 모습으로 서 있기는 하다. 그러나 흔적도 없이 사라진 오래된 것들이 등대와 도서관이라니… 아름다운 상징 같았다. 지중해의 햇살 옆으로 하얀 등대가 불빛을 반짝이고, 도서관에는 먼지 묻은 고대의 책들이 신기루처럼 떠오르는 것 같았다.

이집트 문명이 건재한 것은 돌로 만든 데다 건조한 날씨와 바람이 실어 온 모래에 파묻혀 보존이 잘 되었던 이유라고 한다. 그동안 유물들은 도굴로 인해 훼손이 심해져 부서지고, 색칠이 벗겨진 지 오래였지만 그래도 신전과 피라미드와 스핑크스는 뜨거운 햇빛 아래에 거대하게 서 있었다. 부서져서 뒹구는 돌조각 사이 어디에서나 희고 긴 옷자락이 쓸리는 소리가 들렸다. 앙크 십자가를 든 신들이 먼 길을 온 사람들에게 생명을 불어넣어 줄 때마다 긴 그림자가 벽으로 사라졌다.

아직도 신전에는 태양의 관을 쓴 여신이 파라오에게 축복을 주고 있는 것 같았다. 가끔은 여신도 높은 돌기둥 사이로 쏟아지는 햇빛에 눈을 가늘게 뜰 것만 같고, 지성소를 향해 조금씩 높아지는 사방 벽에서는 제단에 바치는 파라오의 연꽃과 예물이 향기를 풍기고 있었다.

신들은 오랜 시간이 지나 찾아온 익숙한 얼굴을 보며 놀랄까? 서성거리며 눈물이 고이는 얼굴에 고개를 끄덕일까? 빈 곳을 쳐다보는 얼굴에 아는 척해 보려 살랑 바람을 흔들까? 가만히 내 눈을 들여다보고 있는 건 아니었을까. 나는 그래서 어두운 구석에서 두리번거리며 갑자기 서러웠을까.

파라오들은 살아생전부터 궁전보다 죽은 몸을 누일 무덤을 짓느라 애썼다고 한다. 더 긴 사후 세계를 믿었던 그들이 만든 피라미드와 스핑크스는 영혼과 영원을 형상화한 모습일까? 그저 흐를 뿐인 무상과 무아를 가르친 이는 바위산을 보며 가엾다 했을까? 미워하느라 놓지 못하고 좋아서 영원하기를 집착하는 마음이 만든 것이 깊게 파내려간 돌무덤일까? 내 안에 깔린 모래와 모래 위에 세운 견고한 바위처럼 무너지지 않는 마음을 보고 또 보라는 것일까? 쌓였던 모래가 다시 바람에 씻기고 차올랐던 나일강의 수위가 낮아졌을 때 모습을 드러낸 신전과 무덤은 무슨 말을 하고 싶은 것일까. 한 생을 모래바람에 쌓여 살며 그 속에서 여전히 돌 신전과 돌무덤을 만드는 내가 보일까.

피라미드 가까운 모래언덕에 지은 야외 식당에서 이집트에서의 마지막 점심을 먹었다. 사진으로만 보았던 피라미드와 스핑크스를 보며 밥을 먹는다는 행위가 꿈만 같았다. 오래된 시간 속에 들어와 있는 것 같아서 어리둥절하고 묘한 기분이었다. 까닭도 없이 엄청난 호사와 여유를 누리는 것 같아서 감동이 되고 감사했다. 내가 그저 모래알인 것도 같고, 내가 모래를 날리는 바람인 것도 같았다. 기념사진을 찍으려 피라미드를 배경으로 섰는데 갑자기 거센 바람이 휘몰기 시작했다. 오천 년 전 불던 바람이 지금 내 머리카락과 옷자락을 휘감고 있었다.

　돌아와 생각하니 내가 그 모래바람 속에 오천 년을 있었다. 무너진 바위 조각으로 나를 기다리고 있었다. 이제 나는 어머니와 마주보며 앉아 있던 꿈에서 몸을 일으켜 방문을 열고 밖으로 나온다. 모래바람과 바위산을 지나서 그리운 세상을 향해 걷기 시작한다. 구약성서의 이야기에 나오는 롯의 아내처럼 '뒤돌아보면 돌이 될 것이다.'